Françoise Gri

Plaidoyer pour un emploi responsable

*Un carnet de route de crise
prolongé par 30 rencontres
avec des chefs d'entreprise engagés*

Stock

ISBN 978-2-234-06490-4

© Éditions Stock, 2010

Plaidoyer pour
un emploi responsable

Carnet de route

Bien sûr, nous ne pouvions imaginer la violence et le tremblement que cette crise allait produire sur l'emploi, sur les entreprises et sur la façon dont nous allions dessiner l'avenir. Nous nous sommes préparés à un choc, et nous avons vécu une accélération des mutations en germe sur le marché de l'emploi. J'ai alors tenu ce carnet de route de crise, d'abord pour fixer la violence des événements et raconter la façon dont nous avons, avec mes collaborateurs, subi, vécu et traversé cette crise aux premières loges. L'actualité l'a abondamment commenté : ce sont les intérimaires qui ont été les premières victimes et les premiers inscrits au chômage. Les entreprises avaient tiré les leçons de la crise de 1993, ajoutant plus de flexibilité à leur emploi pour leur permettre de s'adapter plus rapidement et protéger leurs emplois permanents. Avant que ceux-ci ne soient touchés à leur tour. Dans toutes ces circonstances, nous sommes restés à l'écoute de tous les chefs d'entreprise et nous avons continué à entretenir des liens, fragiles, en particulier avec les candidats pour qui nous n'avions plus de travail. J'ai aussi tenu ce carnet pour apporter un témoignage, celui du terrain de l'emploi, de la proximité avec les particularités de nos bassins et de ces entreprises, petites et moyennes, qui font notre tissu. Enfin, ce carnet pour partager quelques enseignements que me semblent configurer l'emploi et le travail des années qui viennent.

Ce que nous avons senti monter, sur le terrain, dans nos états-majors, puis dans les médias, fut un sentiment de responsabilité de plus en plus fort, comme une ligne de partage entre ce qui pourrait devenir l'avant et l'après de cette crise. Une responsabilité d'entreprise face à l'emploi, à ses collaborateurs, aux actionnaires, non qu'elle ne fût jusqu'à aujourd'hui exercée mais parce qu'elle a pris l'ampleur d'une attitude indépassable de l'action d'un patron dont le seul critère de profitabilité ne suffit plus à assurer la pérennité et la valeur de son entreprise.

Cette conception de la durée, et la responsabilité qui lui est attachée, est évidemment ancrée chez nombre de chefs d'entreprise qui ont seuls bâti leur entreprise, hissant leurs collaborateurs vers une expertise qui les rend uniques et qu'ils ont défendue et protégée de ce raz-de-marée que fut cette crise. C'est pourquoi il m'a semblé important de réunir ici, comme un prolongement de ce carnet, des portraits de chefs d'entreprise qui ont tenu face à cette déferlante, ils ont tenu en protégeant leurs collaborateurs et en faisant le pari de l'avenir, habités par une idée de leur entreprise supérieure à leurs difficultés immédiates. Et je sais le courage, le sang-froid, la ténacité et l'énergie qu'il leur a fallu pour rester debout alors que le monde s'écroulait tout autour. Ce sont de vrais parcours, des chemins sinueux et étonnants, des histoires de volonté et d'équipe, des histoires de réussites et de citoyenneté. C'est pour moi une France exemplaire qui a subi la crise en serrant les poings.

Quand on traverse une tempête de cette violence, de cette ampleur, la façon dont les uns ont réagi peut devenir un repère pour les autres.

J'ai voulu leur rendre hommage avec vérité et humilité, en leur tendant simplement le micro pour qu'ils nous racontent, aujourd'hui, alors que la tempête s'est calmée et qu'il nous faut désormais tant reconstruire, leur chemin toujours particulier, les obstacles qui les ont renforcés et surtout les réussites qu'ils ont modelées avec leur ténacité et leurs collaborateurs.

Cette France de bâtisseurs demande soutien et accompagnement. Elle est créative, innovante, persévérante, contribuant à notre richesse nationale sans avoir la solidité des grands groupes. La soutenir, ce fut pour nous, Manpower, décider de rester présents dans tous les bassins d'emploi pour être à leurs côtés dans la tempête et pour la reprise.

Ce fut, pour nous, décider de ne pas engager de plan social alors que notre activité s'effondrait chaque jour.

Carnet n° 1 – Jours noirs et mutations

Au cœur de ces jours noirs, j'ai pris la route pour être aux côtés de mes collaborateurs, souvent assommés, angoissés par la violence des effets de la crise sur leur activité. J'ai éprouvé une fois de plus pendant ces voyages dans le réel l'indispensable lien que doit entretenir un patron avec le terrain de ses collaborateurs. Si l'idée est largement partagée elle s'avère être une réelle cause de succès ou d'échec des mesures prises au sein des comités exécutifs.

Comprendre, voir, sentir, éprouver, aider à façonner et encore expliquer, détailler, se confronter aux contextes individuels et régionaux, sentir les blocages, les dépasser, les forcer s'il le faut, aller plus avant encore, avec le temps, et identifier les non-dits, les boîtes noires, ces habitudes qui restent des habitudes et ces multi-couches de certitudes, d'a priori, de gestes devenus éternels et intangibles parce que la culture interne, répétée et intégrée des années durant, les a sédimentarisés. Avoir du respect pour l'histoire mais montrer le chemin vers l'avenir, ne pas se mentir sur ce qui doit changer vraiment.

Comment dire, expliquer, commenter cela, sinon les yeux dans les yeux, sur place, avec écoute et conviction. Être sur le terrain, ce n'est pas passer, ce n'est pas visiter, c'est rester, rester le temps nécessaire à la parole vraie. Et c'est du temps gagné à comprendre les détours de chaque bassin d'emploi en France.

L'emploi est un phénomène local, les territoires français sont inégaux et les ressorts qui créent l'emploi ne peuvent être appréhendés que sous le prisme de la microéconomie. Écouter, comprendre, c'est ce que nous essayons de faire tous les jours. Comprendre la vie locale des entreprises, des bassins d'emploi, l'histoire industrielle des territoires, la typologie des compétences disponibles et attendues région par région. Comprendre comment l'emploi se fait, se défait, se stimule ou s'éteint.

Et puis la crise.

Ce qu'elle a modifié. Ce qu'elle a transformé. Comme un accélérateur de particules. Ces bribes de mutations en suspension qui se sont retrouvées dans une centrifugeuse planétaire à l'apparence compréhensible mais dont les effets seront tenaces.

La crise n'a pas changé notre conception de l'emploi, elle n'a pas créé des conditions nouvelles qui auraient fait naître une gestion différente du travail sur le marché et dans les entreprises. La crise a été l'accélérateur des mutations déjà en germe, ainsi que la confirmation que nous entrons dans une autre époque.

La notion de parcours professionnel, inhérent au fait qu'une carrière dans une seule entreprise (« Un emploi et une entreprise pour la vie ») n'est plus le schéma dominant, est devenue une réalité pour tous les Français, y compris ceux jusqu'à présent souvent épargnés par les crises : les cadres. Un parcours, c'est un voyage dans la vie professionnelle où chacun fera « étape » dans plusieurs entreprises, se formant tout au long du chemin à l'évolution des métiers, des techniques, des technologies ou encore des cultures, un chemin où chacun alternera les différentes formes de contrats de travail, les statuts, selon les contextes et les missions, un voyage enfin dont l'idéal sera de s'enrichir à chaque étape pour prendre plus de valeur.

L'agilité sera le moteur du marché et de l'entreprise.

Les cycles de l'entreprise s'accélérant, cette agilité est déjà inscrite dans les stratégies des entreprises, mais ce mouvement va s'étendre aux individus. Ce ne sera plus une exception mais le fondement même de l'emploi. L'agilité est bien sûr liée à la notion de parcours professionnel mais elle révèle une vision nouvelle du rapport au travail. Une vision dédramatisée et dont l'échelle de valeurs sera fortement modifiée. Ainsi, alterner un contrat long, puis un contrat court, puis une période de formation ou d'alternance ne sera plus considéré comme un échec d'intégration mais au contraire comme une richesse et une ouverture désormais indispensables aux entreprises. L'agilité, d'une entreprise sur ses marchés, d'un individu dans l'entreprise et d'une entreprise à l'autre, deviendra peu à peu une norme de fonctionnement et de croissance. Cette circulation plus fluide et reconnue aura aussi un autre effet : elle offrira plus d'occasions de donner corps à une autre égalité des chances, celle d'accéder à une entreprise à la recherche de nouveaux potentiels, profils et compétences diversifiés.

Si cette crise nous a démontré que la flexibilité de l'emploi a permis d'en amortir le choc sur les entreprises, elle nous a aussi rappelé, avec une certaine âpreté, que la flexibilité ne pouvait définitivement se concevoir ni s'appliquer sans la sécurité d'un accompagnement professionnel et la garantie de la transférabilité d'un certain nombre de droits, dont celui à la formation.

L'après-crise remet ainsi à l'ordre du jour la notion de « flexisécurité », une notion qui faisait en 2007 l'objet de tous les débats, au cours desquels on se demandait s'il fallait appliquer le modèle scandinave ou le modèle britannique, balançant ainsi entre plus de sécurité ou plus de flexibilité. 2008 a renvoyé ce débat dans la rubrique des futures années de croissance, puisqu'elle présupposait le plein emploi.

Aujourd'hui, le plein emploi n'est plus la condition mais l'objectif. La flexisécurité, ce n'est plus une idée, mais ce qui devrait constituer notre réalité. À nous d'en faire un modèle français et d'en appréhender les moyens à l'aune des défis de demain et non de la nostalgie des Trente Glorieuses.

C'est donc de cette agilité créatrice et permanente qu'il agit.

Les entreprises m'en parlent de plus en plus et l'opinion publique s'y prépare : nous avons, avec l'institut Médiascopie, fait classer par les Français les mots utilisés pour représenter l'emploi : les mots *flexibilité*, *mobilité professionnelle* et *mobilité géographique* sont devenus des données de base, entrant dans la catégorie des *mutations intériorisées* qui contribuent à l'amélioration de l'emploi. Il faut aussi noter que dans ce classement les mots les plus associés à l'amélioration de l'emploi sont le *bien-être au travail* et *apprendre toute la vie*.

L'agilité, les jeunes en ont fait depuis longtemps leur destin, avec une peur certaine, causée par la situation transitoire dans laquelle nous nous trouvons : la peur du chômage est réelle, les solutions pour s'en sortir rapidement peu répandues et la confiance dans un avenir meilleur que celui de leurs parents, faible. Si la jeune génération a peur du lendemain et continue à préférer dans les sondages « un emploi stable et pour longtemps », n'est-ce pas tout simplement le reflet de notre peur d'un avenir dont nous maîtrisons moins les ressorts, si différents de nos repères passés ?

Cette inéluctable agilité, de l'entreprise et de l'individu, doit donner corps à une plus grande responsabilité. Nous ne pourrons plus avancer, créer de la valeur au travers de parcours individuels, si le marché du travail continue d'être discriminant, inégal et manichéen dans sa façon de considérer les différents types de statuts, contrats et missions. Plus que jamais la responsabilité de l'entreprise s'étendra en dehors de ses propres murs mais aussi au-delà de l'équipe de ses collaborateurs permanents, englobant ainsi toutes les compétences – CDD, intérim, sous-traitants, auto-entrepreneurs... – qui œuvrent pour sa croissance. L'entreprise responsable prendra en compte une vision élargie de son impact, aux points cardinaux d'éthique, de normes et de droits, car sa valeur et sa croissance seront de plus en plus produites par une communauté de talents et d'expertises venant de tous horizons, liés par divers contrats et dont la géographie des contributions sera bien au-delà des limites de l'entreprise physique.

Agilité, responsabilité, employabilité : trois impératifs lourds et profonds que la crise a mis à jour et qui vont structurer le marché de l'emploi de demain. À nous d'en faire la réalité d'un emploi responsable.

Carnet n° 2 – Sur le terrain, sinistré

C'était à Rouen.
J'avais entrepris un tour de France à la rencontre de nos collaborateurs. Douze villes sur tout le territoire pour leur expliquer, aussi directement et aussi proche que possible que nous n'allions pas mettre en place de plan social pour affronter la crise et résister à cette vague, d'une violence inouïe et d'une rapidité jamais vue, qui s'abattait sur nous, sur notre entreprise. Une vague si haute qui dévasta en quelques semaines nos comptes, choqua notre moral et interrogea notre avenir.
Je suis allée dans les villes et dans nos régions pour dire que, face à ce tsunami nous ne pouvions compter que sur nous, sur notre volonté et sur nos efforts. Ne pas faire de plan social pour ne pas céder à la facilité. Nous allions attaquer la face nord pour notre survie. Et pour éviter les licenciements, nous allions devoir faire acte de cohésion et de rassemblement. Il nous fallait, plus encore qu'en période de croissance, croire en notre projet, à la transformation de notre entreprise entamée un an et demi auparavant pour donner naissance à une entreprise au service de tous les emplois permanents et

temporaires. Cette crise fauchait aussi, sur sa lancée, ce grand projet dont nous commencions à peine à concrétiser les bénéfices sur notre action quotidienne. Mais sans lui nous serions plus atteints encore, plus fragiles encore. Faire de Manpower un acteur multisolutions sur le front de l'emploi, alors que depuis sa création sa nature était d'être le champion du seul travail temporaire, nous a permis de conserver un peu d'oxygène et d'utiliser cette diversification pour rester debout.

Ce jour-là, je tenais à remercier mes collaborateurs et leur dire que notre volonté et notre intuition nous avaient heureusement permis, dès 2007, alors que le marché de l'emploi se portait encore correctement, de nous remettre en question et de dessiner notre nouvel avenir. Nous le savons tous, c'est quand tout va bien qu'il faut changer. Pour l'heure, en ce jour de novembre 2008, il s'agissait d'abord de maîtriser l'incendie qui nous ravageait et d'en circonscrire les effets.

Notre urgence était simple : il fallait consolider notre charpente en faisant des économies de fonctionnement. Économiser sur tout pour sauvegarder l'emploi. Et en plus des économies, y compris le non-renouvellement des CDD que nous avions sollicités en période de croissance, il nous faudrait repartir sur le terrain, dans les entreprises pour garder leur écoute et leur confiance. Une démarche qu'on peut avoir naturellement tendance à freiner quand l'activité s'arrête. Or, notre rôle, s'il est de trouver les bonnes compétences pour nos clients, est aussi, dans les moments de creux, de poursuivre le dialogue, et de leur proposer un regard extérieur.

Ce sont les mesures essentielles, notre plan de bataille contre la crise, que je suis venue annoncer de vive voix à tout le management intermédiaire dont le rôle est si important à la tête de nos agences et de nos services, pour expliquer, motiver et écouter l'ensemble des collaborateurs.

Le début de mon propos s'est tenu dans un grand silence devant des yeux attentifs et graves. Bien sûr tous attendaient des réponses, une voie à prendre, un chef aussi, je crois, qui tienne fermement la barre dans cette tempête dont on ne mesurait pas encore l'intensité. Ils attendaient une feuille de route sur laquelle s'unir. Nos agences ont été conçues comme des petites cellules agiles et responsables, leur vision des dégâts sur leur bassin d'emploi était d'autant plus aiguë qu'elles l'éprouvaient personnellement.

Je leur confirmai une nouvelle fois que nous ne nous lancerions pas dans un plan social. « Nous choisissons d'être en sureffectif en 2009 par rapport à notre activité, pour faire différemment. Pour nous investir auprès de nos clients, pour nous investir auprès des candidats et pour mieux repartir au sortir de la crise. Il va se passer quelque chose dans les prochains mois. Des compétences, qui étaient jusqu'alors rares, seront disponibles. Il y a quelques mois vous exprimiez tous votre difficulté à recruter, un cariste par exemple, vous exprimiez à quel point il fallait investir sur des formations pour mieux maîtriser la réglementation de notre activité et pouvoir être plus compétents encore pour ouvrir plus grandes les portes de l'emploi à ceux qui en sont éloignés.

« C'est à nous d'être un recours pour qu'ils retrouvent du travail. Il faut que ces personnes viennent vers nous d'abord. Il faut que dans les prochains mois nous nous occupions d'elles, même si dans l'immédiat nous ne pourrons leur promettre un emploi ou une mission. Et parce que nous les aurons accueillies différemment, parce que nous nous serons battus pour elles en proposant – de manière proactive – ces compétences à nos clients, nous serons alors ceux vers lesquels elles se dirigeront pour un emploi. Voilà pourquoi je ne veux pas faire de plan social : car c'est aujourd'hui que nous avons besoin de toute notre énergie, c'est aujourd'hui que nous construisons l'image dont nous aurons besoin demain.

« Nos clients élaborent des plans drastiques pour 2009, ils se mettent en situation d'avoir le minimum de stock et le minimum de ressources pour affronter cette année difficile dans la configuration la plus légère possible. Ils ont aussi des difficultés de financement et ne peuvent par conséquent se permettre d'avoir des immobilisations importantes.

« Le jour où ils voudront rebondir, ils auront immédiatement besoin de compétences – ne serait-ce que pour une activité limitée. Si Manpower est là, si vous êtes là, à l'écoute du marché et des candidats, de toutes les compétences disponibles, si nous sommes prêts à agir, nous pourrons alors leur proposer ces collaborateurs qui les aideront à redémarrer, ne serait-ce que temporairement. Voilà notre pari pour les prochains mois. Et notre refondation nous donne les armes et les ingrédients de la solution dont ils vont avoir besoin. »

Dès avril 2008, nous prenions pleinement conscience que la crise qui s'annonçait, et dont les cadrans de l'économie ne percevaient qu'une faible lueur, serait particulière. L'environnement économique se dégradait peu à peu mais le marché du travail temporaire voyait déjà ses voyants passer au rouge. Les entreprises qui avaient intégré un volant de flexibilité dans leurs effectifs sauvegardaient ainsi leurs emplois permanents. Chez Manpower ces annulations de contrats se succédèrent en quelques semaines du fait de nos positions particulièrement fortes dans le secteur industriel. Au deuxième trimestre 2008, la chute s'accéléra avec la dégradation du contexte économique. Notre premier semestre 2008 se traduisit par un recul de plus de 6 % de notre activité par rapport à l'année précédente.

Je ne le savais pas encore mais la chute prendrait encore de la vitesse en début d'année 2009, avec une plongée au mois de mars de 45 % par rapport à l'année 2008.

17 novembre 2008. J'ouvrai cette réunion avec ces mots : « Cette crise économique nous met face à des enjeux d'entreprise et à un choix d'entreprise. Quelle va être notre réaction ? Quelle doit être notre réaction ? Nous avons décidé que nous devions être parmi ceux qui résistent pour demeurer debout à la sortie... Vous le savez, cette crise a deux particularités : intensité et durée. Aujourd'hui, personne ne sait vraiment si la croissance de la France sera de + 0,2 % ou − 0,1 %, comme le disait le FMI la semaine dernière, ou encore de + 0,5 % ainsi que vient de l'annoncer le Gouvernement. Nous savons que la croissance économique de notre pays, en 2009, se situera autour de 0, peut-être un peu positive, peut-être un peu négative. Néanmoins, ces quelques points peuvent faire une sérieuse différence pour notre activité et pour l'économie de la France. Personne cependant ne peut dire quelle durée aura cette crise. Et bien sûr des questions se posent : la croissance a-t-elle une chance de repartir dès le début de 2010 ? Ce qui permettrait à la demande en matière de travail temporaire de repartir dès la fin 2009. Ou faudra-t-il s'attendre à une crise plus longue, jusqu'à la moitié de l'année 2010 ? Personne aujourd'hui ne peut répondre. »

À cette époque nous pouvions affirmer en revanche que cette crise ne laisserait aucun de nos bassins d'emploi tels qu'ils étaient. Imaginer qu'à la sortie de quinze, dix-huit ou vingt-quatre mois de crise, nos bassins d'emploi ressurgiraient identiques à ce qu'ils étaient deux ans auparavant était évidemment un leurre. Un certain nombre d'activités, d'unités de production, un certain nombre de nos clients allaient disparaître. Leur activité d'avant la crise était déjà fragilisée par une parité euro-dollar défavorable, le prix de l'énergie élevé et les difficultés de plus en plus nombreuses de financement des petites entreprises.

L'important aujourd'hui à Rouen, c'est de garder son sang-froid et d'expliquer à mes collaborateurs que nous avons pris des mesures d'urgence et des mesures de plus long terme pour sauvegarder l'emploi et le projet Manpower. Des mesures immédiates tout d'abord, dont une focalisation de nos commerciaux sur les secteurs qui avaient encore besoin de compétences, et puis bien sûr la réduction drastique de notre budget publicitaire, de nos campagnes marketing, mais aussi de nos conventions commerciales annuelles. Des mesures plus moyens termes ensuite comme le déménagement de notre siège social de Paris, où nous résidons depuis 35 ans, à Nanterre, et surtout une nouvelle approche pour notre réseau d'agences, répondant aux nouvelles attentes des entreprises et à l'inégalité des bassins d'emploi entre eux, selon les industries qui les composent. En d'autres termes le regroupement, sur un bassin d'emploi ou dans des villes, de nos agences pour constituer des ensembles plus denses, plus solides, plus équilibrés et permettre ainsi pour nos collaborateurs des mobilités en leur sein plus faciles pour être là où la demande est. Nous allions ainsi créer des agences plus importantes en effectifs et dotées d'un ou plusieurs bureaux sur leur bassin. Nous décidons de nommer ces agences nouvelle génération : agence multisites d'emploi, soit des A.M.E. ! (Les AME de Manpower) Nous entamions, ce jour, notre révolution culturelle et commerciale. Et s'il fallait trouver un aspect un peu moins négatif à cette crise, ce serait celui-ci : avoir accéléré le rythme de cette mutation.

Je suis allée expliquer ce programme en prenant le temps, une journée pour chacune des réunions, du temps nécessaire aussi pour écouter, un temps important pour se raconter nos difficultés, les partager et répondre à chaque inquiétude. Ce n'est bien sûr pas la première fois que je pars à la rencontre de mes collaborateurs, ici ou dans une autre entreprise que j'ai dirigée. Mais, cette fois, je ressens ces voyages non pas comme l'habituel « tour du patron » mais comme un impératif de proximité et partage avec celles et ceux (et souvent celles, puisque 80 % de l'effectif de Manpower est féminin) qui font Manpower sur le terrain aujourd'hui.

En les regardant agir avec engagement, comme s'ils défendaient une cause, je me remémorai, par bribes, le jour où j'entrai chez Manpower. J'en suis devenue la présidente en 2007. Le 12 mars 2007. Le jour de mon arrivée, rue Bingen dans le XVIIe arrondissement de Paris, deux premiers rendez-vous étaient inscrits sur mon agenda : rencontrer mes principaux collaborateurs et donner un accord sur le communiqué de presse qui annonçait ma nomination. Le texte était classique et sobre. Le directeur de la communication me le lut et me dit ensuite : « Il faudrait maintenant que nous préparions une déclaration pour tous nos collaborateurs, non une déclaration traditionnelle, ni une présentation de votre parcours, nous le ferons demain. Ce qu'il convient de faire aujourd'hui c'est un message qui parle de la mission de Manpower sur le marché de l'emploi selon vous. »

Je m'étonnai devant tant de précipitation et surtout à l'idée de parler d'une mission avant d'aborder tout autre sujet. Il me raconta : « Les collaborateurs de Manpower ne considèrent pas leur entreprise comme une autre. Leur travail quotidien, s'il est de faire progresser les entreprises avec les compétences dont elles ont besoin, est aussi perçu comme une mission pour l'intérêt général. C'est bien sûr un grand mot, mais c'est ainsi qu'ils se voient. Nous donnons du travail aux autres, nous luttons contre le chômage. Et nous avons le fort sentiment de servir à quelque chose dans chacune des villes où nous sommes présents. Nous avons la certitude de faire quelque chose de nécessaire pour les autres. Cette dimension est forte et c'est elle qui fait avancer vos 4 500 nouveaux collaborateurs. »

Pour ma part, j'ai toujours considéré le travail comme une valeur supérieure, sans doute à l'exemple de ma mère. Chez nous la valeur du travail, et de l'élévation sociale qu'il permet, était érigée en dogme. Ma mère, qui vénérait les héros, avait un respect insondable pour le général de Gaulle. Sa stature droite, sa volonté, sa différence, son charisme. Et son rôle de sauveur. Rien qui à l'évidence ne différait de ce que pensaient et éprouvaient les Français à cette époque. Mais ce qu'il y avait de différent chez nous, c'était l'absence d'homme. Mon père est décédé quand j'avais un an.

J'ai grandi ainsi, portée par une mère aimante et enseignante, dans le culte de l'effort, dans une certaine idée de la grandeur de la France, et dans la conviction que chaque enfant doit tout faire pour s'élever au-dessus de la condition de ses parents, et progresser ainsi dans la vie, en allant chercher les opportunités dans le respect de la morale et des autres. J'ai donc, et je m'en rends compte aujourd'hui, appliqué ces préceptes avec une certaine insouciance, dans un monde d'hommes, je veux dire celui des ingénieurs et de l'informatique. Mais ce 12 mars 2007, je ne savais pas encore ce que voulait dire une entreprise de mission. Je ne me doutais pas encore ce que ces mots recouvraient de réalité concrète, humaine, presque charnelle avec la joie et la déception des autres. Une attitude enthousiasmante mais intimement soumise aux aléas de la conjoncture qui, en temps de crise, allait aussi ajouter au fardeau de l'épreuve.

C'était à Rouen.

Une salle sobre d'un hôtel au cours du mois de novembre 2008 où étaient réunis trente-huit de nos responsables d'agences Manpower de l'ouest de la France, qui me racontaient comment, jour après jour, la crise n'était plus une idée abstraite mais des regards, des espoirs déçus, des retours sans cesse répétés autour de la même question : « Avez-vous quelque chose pour moi aujourd'hui ? » La charge émotionnelle dans cette salle était forte. Tous ont leur mission accrochée aux tripes. Ils se battent tous les jours pour trouver du travail à ceux qui en cherchent. Et ils recherchent avec tout autant de ténacité et de curiosité aiguë les compétences que les entreprises recherchent. Et ainsi, comme un cycle continu et vertueux qui offre à chacun la solution qui lui est propre.

Ce jour-là, le cycle s'était arrêté.

Et les histoires commençaient à monter vers moi, d'abord dans un chuchotement comme si le sujet était trop lourd, puis avec l'envie de dire les choses, des histoires qui se superposaient, qui se nourrissaient les unes les autres, parce que la parole des autres aide à comprendre ses propres silences.

« Tous les soirs, me dit l'une de nos responsables d'agence, je dois remonter le moral de l'équipe. On est peu nombreuses dans mon agence, nous sommes quatre. Mais à force de dire "non" toute la journée, et de voir la déception sur le visage de tous ceux qui entrent dans l'agence, et à force de ressentir leur déception, et de la ressentir de plus en plus fort, on baisse la voix en fin de journée. Notre "non, pas aujourd'hui" devient de plus en plus faible. Le soir, on reste ensemble 5 minutes, on débriefe notre journée pour se redire les choses, pour évacuer toute cette peine et se dire qu'il faut continuer, que c'est notre travail et que le jour où ça reprendra, alors on les rappellera... Je sais que mon travail c'est aussi de remonter le moral de mon équipe. Encore faut-il que j'en aie moi-même. »

Puis une jeune femme prend la parole. Chez Manpower depuis 8 ans, elle parle doucement, avec assurance : « Chez moi, dans mon agence, on n'ose plus serrer la main des intérimaires pour qui on n'a plus de travail. Parce que serrer la main, c'est engageant, c'est comme un accord, et même si on cherche partout du travail pour eux, on est obligé de dire "non, non, on n'a rien aujourd'hui". Alors, serrer la main, c'est comme leur mentir. On ressent ça très fort. On leur dit bonjour, on leur demande ce qu'ils font, et on a peur de leur serrer la main quand ils partent. Ils espèrent quelque chose qu'on ne maîtrise pas. Et le lendemain ils reviennent... »

Un court silence suivit. Chacun semblait se reconnaître dans cette histoire. Une communauté était là qui se resserrait. Je sentais la peine, diffuse, à fleur, mais je sentais aussi la force de ces jeunes femmes, leur force et leur détermination dans leur agence. Des agences comme des ponts vers l'emploi, vers une rive que tant veulent atteindre et dont elles sont tout à la fois les guides et les vigies. Notre étendue territoriale, plus de 800 bureaux dans toute la France, comme des petites cellules d'un grand ensemble, fait que nos managers d'agences se retrouvent souvent seuls face à des demandes de travail qu'ils ne peuvent pas toujours satisfaire et qui très souvent relèvent d'une question vitale immédiate. La sincérité, la franchise et la transparence sont alors nécessaires. Elles sont garantes d'une relation saine avec nos candidats qui mettent beaucoup d'espoir dans notre action.

Nous faisons un métier particulier entre honneur et sarcasmes.

Donner du travail, aider ceux qui en ont besoin, faire progresser ceux qui veulent aller plus haut, former ceux qui peuvent changer de voie, accompagner ceux qui ont le choix et puis encore toutes les situations où l'emploi, tout l'emploi, tous les emplois sont au centre d'une attente, d'une décision.

Et face à ces moments où beaucoup de choses se jouent pour chaque individu et chaque entreprise : le sarcasme des élites d'un autre temps, qui n'ont souvent jamais cherché de travail, et des voix conservatrices qui, au lieu d'ouvrir le débat et permettre à plus de monde d'accéder à un emploi durable, choisissent de fermer portes et fenêtres des réformes, des mutations, restant sourdes aux évolutions de la société et à la détresse d'une jeunesse qui flirte avec les 20 % de chômage, laissant ainsi à la porte ceux que l'on nomme avec condescendance et aujourd'hui avec une certaine pitié, les précaires : qu'ils soient CDD, intérimaires, stagiaires sans oublier les CDI à temps partiel subis.

Cette France à deux vitesses que la crise a révélée avec encore plus d'acuité, faisant souffrir les uns pour protéger les autres, « la France invisible », dira Christophe Barbier dans un éditorial de *L'Express*, peu aidée par l'État Providence et pénalisée en particulier pour l'accès à la formation, cette France du travail a besoin d'être grandement réformée à la lumière de l'égalité des chances et des parcours pour tous. Cette France est injuste car elle stigmatise ceux qui n'ont d'autre choix que de rester sur le bas-côté de la route à attendre que le regard sur l'emploi change.

Il faut admettre cette réalité : 40 % de l'offre d'emploi chez Pôle Emploi sont des CDD, 16 % du marché du travail. Chez Manpower, nous offrons du travail à près de 90 000 intérimaires par jour et nous recrutons pour les entreprises entre 15 000 et 20 000 CDI par an. Le travail temporaire représente 2,5 % de la population active. Voilà la réalité. Clairement on ne destine pas sa vie à être intérimaire ou en CDD, clairement il s'agit là d'un passage vers un emploi durable.

Le temps est donc venu de ne plus opposer les contrats longs et les contrats courts : les deux sont nécessaires à l'entreprise et à l'économie. Les deux sont respectables. Le même respect, le même regard leur sont dus. Et les deux doivent avoir les mêmes droits de base qu'il nous faut tous protéger : même rémunération de base, même accès à une protection sociale, mêmes droits à la formation tout au long de la vie.

Le temps est venu d'en finir avec les hiérarchies un peu dogmatiques et d'un autre temps entre vrais emplois et supposés sous-emplois. Il ne devrait pas y avoir d'emplois mal considérés. Et si certains le sont c'est que l'on s'est surtout employé à les cantonner pour protéger les emplois dits permanents. C'est le regard et le mépris des autres qui en font des emplois honnis. Voilà une réalité qu'il convient aujourd'hui de regarder droit dans les yeux. Veut-on continuer ainsi ? Continuer à utiliser ces missions courtes ou à temps partiel et à la fois les mépriser ? Les utiliser et crier au scandale ? Hurler à la honte et ne rien faire pour les revaloriser ? Nous sommes tous devant ces contradictions. Et les seules voix que nous entendons sont celles qui dénoncent et jamais celles qui veulent travailler à améliorer les situations délaissées.

L'entreprise aujourd'hui a besoin d'emplois longs et d'emplois courts. Les deux sont utiles et les deux doivent pouvoir devenir, avec un même niveau de considération, les possibles étapes du parcours professionnel de chacun.

Cet impératif s'avère être une urgence. Le temps presse car de nombreux conservatismes ont rejeté depuis des années les emplois courts dans le registre de la précarité sans vraiment s'y intéresser. La France, en ignorant la réalité de millions d'individus, près de 20 % des salariés, n'a pas encore permis d'accompagner cette évolution et de la rendre positive dans une vie professionnelle.

Et s'il en fallait une preuve supplémentaire, il suffit de regarder autour de nous : cette crise a violemment mis sous la lumière cette dualité de notre marché du travail. Les entreprises ont plus qu'hier besoin qu'une partie de leur emploi soit flexible pour leur permettre de mieux naviguer dans les courants contraires, à la hausse ou à la baisse de leur activité. Les marchés subissent des sauts et soubresauts que les entreprises ne peuvent pas anticiper. Les modèles de production en flux tendus, les chaînes de sous-traitance amplifient les variations d'activité pour tous les acteurs de la chaîne, exigeant un ajustement en termes de ressources plus rapide dans un sens comme dans l'autre. Faut-il le regretter ? Faut-il l'accepter ? Ce n'est plus le débat. Il s'agit aujourd'hui d'intégrer cette réalité et de l'accompagner pour qu'elle soit socialement juste, équitable, ce qui ne veut pas dire identique, et qu'au travers de cette flexibilité puisse se construire la vie professionnelle de chacun et sa progression.

Une décision qui a émergé des décombres, parallèlement à la réforme de la formation professionnelle : la mise en place d'un fonds de sécurisation des parcours professionnels. Tout l'enjeu est aujourd'hui de faire en sorte que ces réformes permettent une redistribution efficace des fonds collectés pour encourager la progression de chaque femme et de chaque homme au travers de parcours professionnels qui ne se feront plus au sein d'une même entreprise. Il y a urgence. La crise, quand elle se retirera, va laisser des reconversions importantes à accompagner. La croissance économique dépend aussi de la disponibilité des compétences demain.

Il y avait une atmosphère ouverte et un peu lourde dans cette salle. Je guettais leurs regards. Je voyais leur fierté à rester debout parce que le sens, la joie de leur vie professionnelle est de réussir à offrir de l'emploi. J'y voyais aussi leur déchirure de ne plus y arriver.

Je voyais dans leurs yeux ce que *crise* veut dire. Elle avait pour chacun d'eux un visage, des dizaines de visages, des regards, des déceptions, parfois des colères. Des cris, des insultes, des bureaux renversés, autant de gestes de détresse compréhensibles mais effrayants, renforçant si fortement ce sentiment d'impuissance. Pour eux et elles, comme les médecins, savoir rentrer chez soi le soir en faisant abstraction de ces heurts émotionnels.

J'ai continué mon voyage. J'ai écouté plus de 800 collaborateurs. Leur quotidien : des missions qui raccourcissent et deviennent journalières par manque de visibilité des entreprises. Des entreprises qui suppriment tous leurs projets de recrutement, ordres et contre-ordres dans la même journée, des équipes que nous faisons et défaisons dans la même matinée, signe des signes que toutes les boussoles s'étaient égarées.

Et puis des chefs d'entreprises, dont l'inquiétude devait être évacuée, ne serait-ce que quelques heures, qui cherchaient tous les indices, les prévisions, les prédictions pour les emmener sur le chemin, à l'endroit où on pouvait percevoir la lumière, celle du bout de la crise, de cette crise dont personne ne s'accordait ni sur sa finalité ni sur sa longueur. Et puis d'autres patrons, responsables d'équipes, de sites, attachés depuis longtemps à leur région, qui nous donnaient rendez-vous régulièrement pour que nous réfléchissions ensemble à l'évolution de leur bassin d'emploi. Dialogue si salutaire entre nous, même si nous n'avions que bien peu à partager pour distinguer l'horizon.

Plus que jamais un patron a le devoir de plonger ses mains dans la réalité quotidienne de son entreprise. Notre économie est en mutation. Pour anticiper opportunités et contraintes, pour mener la transformation de son entreprise, il faut évidemment regarder les grandes mutations mais aussi la réalité du terrain. Rester en veille de ce que voient, de ce que vivent, de ce que disent ses collaborateurs autant que les grands mouvements du monde. Est-ce une nouveauté ? Une banalité ? Je crois qu'il faut revenir à un principe vieux comme l'entreprise, qui est qu'elle est faite d'individus, de collaborateurs, de talents. L'entreprise virtuelle n'existe pas, l'intelligence collective d'une organisation vient de ses interactions. Rien que des évidences ? Pourquoi les redire alors ? Parce qu'elles n'en sont pas.
La crise ne nous l'a pas enseigné. Elle nous l'a rappelé en hurlant.

Carnet n° 3 – Une nouvelle organisation du travail ?

Je rencontre régulièrement des patrons d'entreprises et des directeurs de ressources humaines. L'important pour moi est de comprendre, au jour le jour, ce qui les préoccupe et la façon dont ils voient les événements. Lors d'une récente rencontre, nous avons échangé sur les leçons qu'ils ont tirées d'une autre grande crise, celle de 1993.

Clairement la gestion de 1993 a altéré durablement le lien entre les salariés et leur entreprise. Les plans sociaux ont été massifs et ont coupé les compétences indispensables au cœur même de la performance de l'entreprise. La gestion de la crise d'aujourd'hui a heureusement conservé la mémoire de 1993. Avant toute chose, les DRH ont protégé les compétences vitales de leur entreprise. Véritable actif qui s'entretient dans le temps en travaillant sur l'évolution des compétences individuelles et la capacité de collaboration des équipes. Nous l'avons un peu redécouvert, l'entreprise, ce ne sont pas que des performances financières, c'est avant tout une communauté de femmes et d'hommes qui, ensemble, créent la richesse. Et la performance. Tous les DRH l'ont confirmé : si, en

1993, il fallait à tout prix réduire les effectifs, vite et sans distinction, aujourd'hui ils ont choisi de sauvegarder ceux qui allaient faire redémarrer la machine le temps venu, en se séparant d'abord de tous les contrats courts : intérim et CDD. On s'étonne aujourd'hui qu'il y ait eu moins de plans sociaux qu'on ne le redoutait mais c'est bien en faisant jouer cette capacité d'adaptation de leur emploi, en y ajoutant la mise en chômage partiel, l'usage des RTT que les entreprises ont pu adapter rapidement leurs structures de coûts, en conservant l'essentiel de leur savoir-faire et le lien avec leurs salariés. Un lien dont tous disent néanmoins qu'il devra être consolidé à l'aune des actes futurs : les salariés demandent en effet que les entreprises reconnaissent les efforts qu'ils ont produits, et que ces efforts soient reconnus lorsque la croissance reviendra.

La flexibilité d'une partie des ressources est un véritable modèle d'organisation qui permet à l'entreprise de respirer, de s'adapter aux variations de tendance. Face à la versatilité de l'économie, agilité devient le maître mot : agilité de l'entreprise pour s'ajuster aux nouvelles conditions de son marché, de ses clients ; agilité des individus à l'intérieur de l'entreprise ; agilité des compétences sur le marché de l'emploi. Banalité que d'affirmer que le temps économique se raccourcit, que son tempo s'accélère. Les grands paquebots à lente vitesse et les esprits tournés vers les bienfaits du statu quo auront du mal à survivre. À nier l'évidence de cette réalité, on ne travaille pas sur l'objectif qui devrait être le nôtre : réinventer notre modèle social avec cette nouvelle donne.

L'organisation du travail sera au centre des prochaines mutations. Le modèle de l'entreprise est en train de changer, d'évoluer : il est plus interactif, plus collaboratif, plus « sous-traitant ». Les jeunes générations qui arrivent sur le marché du travail ne se comportent pas face à l'entreprise comme nous nous comportions. Leurs attentes sont différentes, basées sur ce que l'entreprise va leur apprendre et ce qu'ils vont pouvoir y créer ; leur rapport à l'autorité, à la hiérarchie est aussi différent, remplaçant le respect de l'échelon par celui de l'expertise. Leur implication ne se fera pas au détriment de l'équilibre de leur vie, et l'adhésion à la culture se fera avec beaucoup de distance. En d'autres termes ils vont bousculer dogmes, certitudes et habitudes pour inventer l'entreprise de demain.

Avant la crise, nous débattions déjà beaucoup autour de cette génération Y et de ces talents qu'il fallait attirer différemment. Puis la tempête nous a fait nous concentrer sur notre survie. Mais le sujet n'en est pas pour autant réglé. L'après-crise nous demande de rouvrir ce dossier : reconsidérer certains de nos modes de management qui ont négligé la proximité, la résolution très concrète des tensions du terrain au profit d'une modélisation des organisations et d'une mise en place d'indicateurs censés la représenter tout entière. Confrontés à ces enjeux, que devons-nous faire ? Je suis convaincue qu'il faut revenir aux fondamentaux. L'entreprise doit considérer la création de valeur avec une vision moyen/long terme. Faire la part entre l'urgence et la précipitation, entre ce que nous devons faire maintenant et la raison d'être de l'entreprise. Sans doute aussi mettre en exergue que la finalité de l'entreprise n'est pas seulement de faire du profit, mais bien de créer de la valeur et un lien social dont le profit est le moyen.

Pour ce faire, les méthodes sont là aussi nouvelles et elles passent, entre autres, par une dimension supérieure de la responsabilité environnementale et sociale de l'entreprise. Une responsabilité sociale un cran au-delà de ce que l'on a coutume de nommer ainsi. Il s'agit là de s'intéresser à l'empreinte sociale que l'entreprise va laisser sur son territoire. Cette notion d'empreinte sociale, développée par Christian Nibourel, président d'Accenture France, en appliquant au domaine social la notion d'empreinte carbone, liste les domaines d'action de l'entreprise pour qu'elle contribue positivement à son environnement humain. L'employabilité de ses collaborateurs mais aussi de ceux du deuxième cercle : sous-traitants, intérimaires, y tient évidemment une place essentielle. Mais également comptent son climat interne, sa capacité à permettre à chacun de contribuer en accueillant des talents divers et des formations variées. En poussant à la confrontation et à l'échange, l'entreprise crée une dynamique propice à l'innovation et crée plus de valeur collective et individuelle. Cette capacité est d'ailleurs clé pour obtenir l'engagement des collaborateurs, leur adhésion au projet. « Adhésion au projet » et non plus « appartenance à l'entreprise » : rapports plus égaux qu'ils ne le furent jusqu'à il y a quelques années. Forme d'engagement différente, en lien avec les aspirations des jeunes générations. Surinformés, connectés, zappeurs, en discussion permanente avec leurs tribus, la génération y érige le partage au-dessus de tout et s'implique de façon bien différente de ses aînés.

Il est temps de réinventer les indicateurs de productivité de l'entreprise en y intégrant du long terme et la réalité de son capital humain.

Mettre l'actif humain au cœur de toute stratégie de développement : cette ambition n'est pas qu'une déclaration de bons sentiments qui feraient de la mauvaise littérature managériale. Bien au contraire : je suis persuadée qu'une des vertus de cette crise, s'il fallait en chercher une, est d'avoir rappelé que ces principes sont des valeurs économiquement fiables contribuant à un raisonnement de fond, au service d'une création de valeur responsable et pérenne.

Carnet n° 4 – Nous sommes le deuxième cercle du service public

Le 15 septembre 2009, nous avons reçu les premiers demandeurs d'emploi envoyés par Pôle Emploi. C'est le résultat d'un appel d'offres lancé quelques mois plus tôt par Pôle Emploi pour confier aux acteurs privés de l'emploi, dont Manpower, la mission d'accompagner et de remettre à l'emploi plus de 320 000 demandeurs d'emploi.

Ce fut un événement à la fois politique et circonstanciel commandé par la crise et par l'afflux massif des demandeurs d'emploi dans les agences Pôle Emploi, alors en pleine fusion. L'appel d'offres était extrêmement encadré, par la précision des livrables attendus à chaque étape de l'accompagnement, par l'exigence de qualité des ressources mobilisées jusqu'au CV détaillé des collaborateurs Manpower destinés à suivre les demandeurs d'emploi. Nous avons ainsi fourni, au total, dans nos dossiers de présentation plus de 1 000 CV de collaborateurs de Manpower et de notre filiale Manpower Égalité des Chances et, puisque nos ressources disponibles ne suffisaient pas, de candidats identifiés dans chacune des villes de l'appel d'offres, que nous embaucherions en CDD pour assumer la mission qui nous serait éventuellement confiée.

À l'issue de cet appel d'offres, nous avons été retenus dans huit régions soit dans 105 villes dans toute la France pour accompagner en deux ans de 20 000 à 70 000 demandeurs d'emploi.

Dans chacune des villes nous avons ouvert un bureau spécifique, en louant des locaux ou en redéployant nos agences, et nous avons dédié près de 400 personnes à temps plein pour cette mission d'accompagnement et de remise à l'emploi.

Ce fut un événement pour nous et pour le marché de l'emploi. Pour nous car il justifiait ma décision de ne pas faire de plan social de façon à être prêt à contribuer à la lutte contre un chômage de masse qui devenait notre nouvelle réalité, permettant ainsi de maîtriser la cohésion sociale de notre entreprise et sa performance.

Un événement pour le marché de l'emploi car c'était la première fois que les opérateurs privés étaient sollicités dans cette ampleur. L'expérimentation de 2007, à laquelle Manpower n'avait pas participé, avait l'objectif d'accompagner 45 000 personnes. Elle ne suscita pas de grand débat, sinon dans les journaux spécialisés.

Cette collaboration d'une autre dimension suscita bien d'autres réactions et commentaires. En ouvrant le débat sur mon blog, j'ai confié mon étonnement face à l'émotion que ce partenariat suscitait chez certains alors que dans de nombreux pays européens il est si naturel. « En effet, j'entends ici et là (et plus particulièrement sur le Web) que cette collaboration dérange : elle cacherait je ne sais quelle privatisation du service public et révélerait un opportunisme financier (et donc malsain) des agences d'emploi, alors même que leur efficacité n'est pas prouvée…

« Je n'ai pas l'impression que ce type de partenariat public-privé dans le secteur hospitalier, l'équipement urbain ou les transports suscite autant de réactions indignées. Pourquoi ces contrats, dont l'efficacité est reconnue et encouragée par de nombreuses organisations internationales comme la Banque mondiale, l'OCDE ou la Banque européenne d'investissement, n'auraient pas droit de cité dans le domaine de l'emploi, dont chacun, chaque jour davantage, reconnaît la situation d'urgence et la nécessité d'union nationale contre le chômage ?

« Je pourrais mettre bon nombre de ces remarques sur le compte de l'idéologie mais préfère alléguer un manque d'informations.

« Si nous allons accompagner dans les deux ans qui viennent plusieurs dizaines de milliers de demandeurs d'emploi confiés par Pôle Emploi, c'est parce que nos collaborateurs démontrent, depuis des années sur le terrain, leur connaissance des bassins d'emploi et plus précisément des besoins des entreprises et leur savoir-faire en termes d'évaluation et d'accompagnement des projets professionnels de nos candidats. Bref, prouvent leurs compétences et leur efficacité.

« Deux chiffres me paraissent utiles à rappeler pour étayer mon propos : 20 000, c'est le nombre de recrutements en CDI réalisés par Manpower pour ses clients en 2008, alors que la crise débutait. 1 sur 3, c'est le nombre de missions d'intérim qui se transforment en emploi durable. Indiscutablement, c'est un sujet que nous maîtrisons. Mais c'est aussi un réel challenge car la crise s'impose violemment à nous tous − et la visibilité des différents acteurs économiques est encore très limitée. »

Plusieurs commentaires ont été déposés à la suite de ce post. Il m'a paru intéressant de retranscrire ici celui de Jean-Claude T., ancien salarié de Pôle Emploi.

« Bonjour. Je suis un agent Pôle Emploi. Avant la fusion, j'étais un agent ANPE. Je lis votre blog, que j'apprécie. Pas toujours d'accord avec vous, mais il m'arrive de l'être.

« Depuis que je travaille à l'ANPE, j'ai toujours connu l'appel au privé, que ce soit pour des accompagnements ou des prestations de type atelier. Donc pour moi l'appel de Pôle Emploi auprès du privé n'est pas une nouveauté. Le fait que Manpower ait été retenu n'est qu'une demi-surprise. En termes de volume c'est une goutte d'eau. Dans mon agence l'envoi vers Manpower correspond à 3 demandeurs par agent… sur des portefeuilles dépassant largement les 150 demandeurs par agent !

« De même je pense que Pôle Emploi ne peut pas tout. Par contre il se doit d'être en mesure de faire appel soit au privé soit à des structures publiques pour des compétences qu'il ne possède pas ou des publics spécifiques. Ou alors sur des crises de durée courtes (comme aujourd'hui en font le pari nos dirigeants).

« J'aurais tendance à dire que Pôle Emploi doit avoir un rôle central en tant que garant d'une égalité de traitement et d'assurer que la mission de service public soit assurée pour tous. Mais le "comment" – interne, externe partiel, public, privé – importe peu !

« J'avoue que les choix récents me posent toutefois quelques problèmes. Manpower, mais c'est le cas pour toutes les sociétés d'intérim, a au quotidien une situation ambivalente. C'est un prestataire de services. Cela fait des années que je travaille avec des opérateurs privés pour des évaluations de compétences par exemple. Cela aurait été coûteux pour l'ANPE de développer ce genre d'outils. L'appel au privé ne me semble pas incohérent. Mais l'intérim est aussi un client qui nous dépose ses offres. C'est aussi un concurrent qui, comme les agents ANPE/Pôle Emploi démarche les entreprises. Concurrence faussée dans les deux sens car nous n'avons pas les mêmes objectifs ni les mêmes moyens. Enfin, les agences d'intérim sont aussi des partenaires, notamment les agences d'intérim d'insertion (IAE) dont j'avoue avoir apprécié l'esprit de coopération (en tout cas c'était le cas sur mon bassin). »

Depuis le jour où nous avons commencé à travailler pour Pôle Emploi, je me tiens quotidiennement informée de l'état d'avancement des infrastructures et des formations nécessaires à la mise en œuvre de notre mission. Les délais sont courts et le challenge immense mais je constate avec une très grande satisfaction que nos équipes sont en liaison permanente avec celles de Pôle Emploi. Nous marchons côte à côte, ensemble et dans le même objectif : réussir dans la mise en place de solutions pérennes et efficaces. Au-delà de la relation client-fournisseur traditionnelle, nous sommes au service d'une cause nationale, animés par une conviction commune : l'accompagnement individuel constitue la réponse au chômage de longue durée. La connaissance précise, pragmatique des bassins d'emploi locaux en est une condition.

C'est la raison pour laquelle je me suis réjouie de la publication du rapport du comité d'évaluation des expérimentations d'accompagnement renforcé des chômeurs. Il s'agissait de comparer l'efficacité de deux expérimentations utilisant des méthodes voisines, mises en place en 2007 : le CVE (Cap vers l'entreprise), mené par l'ANPE de l'époque, et le suivi des opérateurs privés. Manpower n'y avait pas alors participé.

La presse se focalisait alors sur la performance comparée des opérateurs privés et de l'opérateur public de l'emploi. Il ne s'agissait pas de polémiquer et Christian Charpy, le directeur général de Pôle Emploi, partageait cet avis, déclarant aux *Échos* : « Il faut éviter d'opposer le public et le privé sur le placement des chômeurs. »

Au-delà des comparaisons et des moyens qui l'autorisent, quels furent les principaux enseignements de ce rapport ?

– L'accompagnement renforcé assure un taux de sortie vers l'emploi au bout de douze mois d'environ 37 % supérieur au suivi classique.

– Les bénéficiaires de cet accompagnement obtiennent des emplois généralement plus durables que le parcours classique.

J'ajouterai qu'une collaboration, bien comprise par chacun, améliore les performances des uns et des autres (et c'est aussi une conclusion du rapport). Une saine émulation, donc, au profit de l'intérêt général.

Autre point important : le rapport souligne l'évidence que la motivation et le professionnalisme des équipes dédiées influent sur les performances ! Bonne nouvelle : chez Manpower, nos collaborateurs référents Pôle Emploi ont été sélectionnés en interne sur la base du volontariat – ce qui traduit leur motivation. Ils ont été retenus par Pôle Emploi, CV à l'appui, pour leur expérience et leur compétence.

En outre, nous avons acquis ces dernières années une véritable expertise en matière d'accompagnement vers l'emploi des allocataires de minima sociaux, notamment en créant et en filialisant une entité ad hoc : Manpower Égalité des Chances. Une filiale qui a d'ores et déjà accompagné, à la demande de onze conseils généraux, plus de 5 000 personnes (bénéficiaires du RSA ou chômeurs de longue durée) vers l'emploi durable, c'est-à-dire un contrat de plus de 6 mois.

Le chômage de longue durée est le plus dangereux des fléaux. Se reconnecter au marché du travail demande du temps et des efforts de part et d'autre (accompagnateur et accompagné). Plus que jamais, une collaboration gagnante entre un service public qui encadre et un service privé compétent et connecté localement aux entreprises qui embauchent, peut faire la différence.

Ce type de partenariat va à l'évidence dans le sens de l'histoire. Il est aussi l'aboutissement d'une longue histoire entre Manpower et le marché du travail.

Si on se livre à un rapide retour en arrière, la création de Manpower en 1957 ne s'apparentait pas à la création d'une entreprise comme une autre. D'une part parce que son activité était inédite en France et que le cadre juridique du travail intérimaire n'existait pas encore ; d'autre part parce que le service proposé par Manpower touchait à l'organisation du travail, tenue pour une prérogative de l'État. Malgré cette défiance de principe de l'Administration, l'évolution du rôle d'une entreprise comme la nôtre s'enclencha en 1969 par l'accord signé entre Manpower et la CGT : le rôle économique et social du travail temporaire était de fait reconnu, les prémices du statut de l'intérim étaient en quelque sorte posées par les acteurs du marché du travail. Bel exemple que l'évolution législative suit les pratiques du marché.

Deuxième étape importante après bien des aléas : la loi du 12 juillet 1990 qui affirme que le CDI est « la forme normale du contrat de travail », mais qui entérine le travail temporaire comme l'une des formes d'emploi possibles des salariés. À compter de cette date, on peut considérer que la défiance de principe de l'Administration à l'égard de notre profession va s'atténuer et laisser place, progressivement, à une vision plus nuancée du travail temporaire. Nous entrons alors dans une phase de normalisation.

En 1994, un accord-cadre est signé entre l'ANPE et les organisations professionnelles du travail temporaire. Il vise à augmenter les solutions d'insertion proposées aux demandeurs d'emploi en mettant à leur disposition les offres de missions confiées par les entreprises de travail temporaire. Les demandeurs d'emploi peuvent donc trouver en un lieu unique à la fois les offres de l'ANPE et les propositions de missions d'intérim. On peut considérer que cet accord est la première institutionnalisation nationale d'une collaboration entre service public de l'emploi et entreprises de travail temporaire.

L'amélioration des rapports institutionnels entre Manpower et acteurs publics se concrétisera aussi au niveau local. En 2003, nous signons avec l'ANPE un accord de partenariat (qui sera renouvelé pour trois ans en 2006 et une nouvelle fois en 2010). Cet accord favorise une collaboration concrète et opérationnelle entre nos agences respectives et fournit une impulsion majeure pour un rapprochement entre nos collaborateurs permanents et les agents du service public de l'emploi.

Et puis, bien sûr, la loi Borloo de 2005 constitue un tournant important et marque le début d'une évolution majeure. Dorénavant, les entreprises de travail temporaire, qui deviennent des agences d'emploi, peuvent élargir leur action à toutes les formes d'emploi : travail temporaire, CDD, CDI... et elles sont reconnues comme des acteurs du deuxième cercle du service public de l'emploi.

Au-delà du cadre réglementaire, il faut aussi reconnaître l'importance d'une réelle et bénéfique modification des perceptions réciproques de chacun. Je dirais que nous avons appris à nous connaître et qu'il était grand temps.

Reste à faire en sorte que tous les acteurs politiques, et non pas seulement les initiés ou experts de l'emploi, partagent cette vision. À l'heure où le marché de l'emploi se globalise et évolue rapidement au rythme de l'adoption de nouvelles pratiques et technologies, les dogmatismes du passé ne protègent pas les plus défavorisés.

Carnet n° 5 – En finir avec le clonage

Vous le constatez comme moi, l'entreprise clone. Les mêmes profils, les mêmes parcours, les mêmes idées. Le combat pour plus de diversité, et de mixité, est une urgence nationale car il en va de notre performance en termes d'innovation et de créativité. Mais il y a aussi un autre clonage qu'il faut questionner : celui du diplôme.

Dans aucun autre pays, me semble-t-il, l'endogamie des classes dirigeantes n'est aussi profonde, miroir d'un sentiment fort de relégation pour tous les autres. Passe encore en période de prospérité. Mais lorsque la crise apparaît – et qu'elle naît de la faute conjointe des régulateurs et de la myopie de l'élite financière –, c'est la légitimité même d'un système social fondé sur le gouvernement des meilleurs qui est en cause.

Loin de moi l'idée de décrier la notion même d'élite – on a vu combien même les régimes les plus égalitaires ont échoué à s'en passer. Mais toute élite demande à être constamment renouvelée pour éviter la sclérose. Or en l'occurrence, on ne peut qu'être saisi par un constat d'échec : comme si, contrairement à la conception de Gambetta qui lui assignait le rôle d'accoucher de couches sociales nouvelles, notre système scolaire, allié aux politiques de promotion des entreprises, n'avait conduit qu'à recréer le règne des capacités.

Quelques faits : les grandes écoles constituent le vivier quasi unique des cabinets ministériels, des conseils d'administration, des comités de direction des entreprises, alors même qu'en cinquante ans elles n'ont pas vu leurs effectifs significativement évoluer. Alors même que leur recrutement s'est réduit, si l'on considère l'origine sociale de leurs élèves – les étudiants d'origine populaire sont ainsi trois fois moins nombreux que dans les années 1950 à intégrer Polytechnique, Normale Sup ou l'ENA –, ces écoles fournissent chaque année le contingent quasi exclusif des recrues de certains secteurs (banque d'affaires, audit, conseil...).

À leurs côtés, l'université, ayant dû faire face ces vingt dernières années à un phénomène de massification sans précédent, peine à former ne serait-ce que des cadres, si l'on fait exception de ses filières sélectives. Le clonage qui caractérise l'encadrement de la plupart des grandes entreprises n'en devient que plus manifeste. La responsabilité des entreprises, à cet égard, est patente ; des hauts potentiels aux jeunes recrutés, c'est le diplôme qui fait foi : il rassure.

Par cette tradition, la France se singularise en Europe : elle est en effet le seul pays où l'ascension sociale se fait d'abord par l'école, sans être remise en cause ensuite par la vie professionnelle – ce qui explique par ailleurs la dimension hystérique que prend ici tout débat sur l'enseignement. Elle est aussi le seul pays à porter l'idée d'une voie d'excellence unique, caractérisée par le primat des mathématiques et la valorisation de l'abstraction contre l'expérience et la créativité.

Les conséquences de cette exception ne sont pas à sous-estimer : le clonage à la française participe en effet fortement de ce que Thomas Philippon a appelé le « capitalisme d'héritiers », et auquel il attribue une bonne part de notre décrochement, tant en termes de croissance que d'emploi, par rapport aux États-Unis.

Au-delà des conséquences sur la cohésion sociale interne des entreprises, le danger réside aussi dans les décisions mimétiques prises par une élite formatée, et sélectionnée par sa faculté au raisonnement abstrait plus que pour sa créativité et son expérience.

Dans les entreprises, deux évolutions majeures sont également à l'œuvre qui participent d'une prise de conscience des effets pervers associés à la culture du clonage. La première est à mettre au crédit des entreprises étrangères qui se développent en France. Celles-ci ignorent tout, en général, du culte national du diplôme, et des mille et une distinctions qui s'y attachent. Elles valorisent d'abord l'expérience, la compétence, l'adaptabilité. Si l'on prenait le temps d'examiner les cursus des dirigeants des filiales françaises de multinationales, on y trouverait une tout autre élite que celle du CAC40, issue d'écoles généralement moins renommées, étrangère à l'Administration, mais rompue au management des hommes et à la gestion de grands projets internationaux.

La seconde tendance qui bouleverse actuellement le monde des entreprises est celle de la diversité. Beaucoup d'entreprises ont pris ces dernières années la mesure de leur retard dans ce domaine. Mais encore faut-il s'entendre sur le sens des mots – et le mot « diversité » en connaît plusieurs. La diversité est d'abord, bien sûr, une démarche d'ouverture vers ceux qui souffrent chaque jour de discriminations dans l'accès à l'emploi. Mais elle est aussi une démarche d'ouverture aux « profils atypiques », dont les talents échappent aux entreprises parce qu'ils n'entrent pas dans leurs cases. Et de ce point de vue aussi, beaucoup reste à faire.

Que nous faut-il faire, alors, pour accélérer la marche de ce mouvement ? D'abord, agir sur les représentations, et assener sans répit qu'il n'y a pas qu'une voie d'excellence. Il y a quelques mois je me faisais l'écho sur mon blog du choix professionnel d'un jeune polytechnicien qui, s'ennuyant sous le bicorne, avait choisi de quitter Palaiseau pour rejoindre le CFA des métiers du BTP de Quimper, et y entamer un CAP de plomberie. Cette trajectoire est trop atypique pour être exemplaire, mais je veux y voir la preuve que la volonté de trouver sa voie peut être plus forte que toutes les pressions sociales et familiales.

Ensuite, agir sur le système éducatif. Les grandes écoles sont un formidable atout pour notre pays, mais elles doivent s'arracher à l'endogamie qui les menace.

Enfin, agir dans l'entreprise. La formation professionnelle, on le sait, profite d'abord aux plus qualifiés ; dans ces conditions, sa contribution à la mobilité sociale interne ne peut être que marginale. La création de la validation des acquis de l'expérience (VAE), en 2002, a marqué un réel progrès, en donnant à ceux qui sont sortis sans diplôme du système scolaire la possibilité de voir leurs compétences professionnelles reconnues par une certification. Mais la lourdeur de la procédure rebute encore beaucoup des candidats potentiels.

À nous, aux entreprises de donner l'exemple dans leur gestion des carrières, en développant la mobilité horizontale et verticale en leur sein, et en faisant primer les compétences professionnelles et managériales sur le niveau de qualification initiale.

Carnet n° 6 – Le métier de patron et leadership au féminin

Cette crise a braqué les projecteurs de l'opinion publique sur les patrons, les grands patrons, faisant ainsi tous les amalgames possibles. Beaucoup de commentateurs l'ont dit : les erreurs de quelques-uns ne doivent pas jeter l'opprobre sur tous ceux qui se battent pour leur entreprise. Et ce livre leur rend hommage.

La vie d'un patron c'est d'abord ce qui l'habite, c'est le sens qu'il donne à sa mission, c'est le corps qu'il fait avec son entreprise. Ces quelques lignes sont pour moi comme une trace dans la tourmente. Je ne défends aucune théorie, je défends des convictions. Je ne défends aucun modèle, je revendique le droit au pragmatisme. Par exemple celui du leadership féminin. On m'interroge beaucoup sur sa définition, et bien légitimement car rares sont les femmes qui président des grandes entreprises. Je réponds souvent par un mot : le leadership au féminin, c'est la suprématie du « comment », « comment on fait pour… ». Une sorte de pragmatisme et d'écoute naturelle puisque aborder le « comment », c'est aborder le détail, le rôle de chacun, la précision du chemin pour atteindre l'objectif, c'est vouloir connaître les embûches et les obstacles, en quelque sorte faire preuve d'anticipation et prêter attention aux conditions à réunir pour que tous travaillent dans le même sens. C'est aussi l'attention sur la responsabilité de la mission qui nous incombe et moins, beaucoup moins, sur les signes de pouvoir qu'elle offre. Peut-être aussi ne pas trop se prendre au sérieux. C'est encore se sentir réellement dépassée et désintéressée par les labyrinthes politiques. En revanche être toujours en contact avec la vraie vie tout simplement car en plus de notre travail, nous avons une vie à la maison.

Mais il y a aussi un travers à ce management féminin : une image de soi qui ne se stabilise pas car les femmes ont toujours le sentiment qu'elles ne sont jamais assez compétentes. Elles attendent que l'on vienne les chercher plutôt que de postuler elles-mêmes à des postes plus élevés. Je le raconte souvent, chaque fois que j'ai voulu nommer une femme à un poste important et exposé, en particulier un poste de comité exécutif, il m'a fallu faire œuvre de conviction face à celles que j'avais identifiées car toutes doutaient de leur capacité, culpabilisaient à l'avance du déséquilibre probable de leurs vies familiales et professionnelles. Les hommes en revanche, faisaient dans la minute acte de candidature avec assurance, même si cette assurance n'était pas au niveau de leur compétence...

Aujourd'hui la question qui se pose aux femmes dans les entreprises est simple : comment doivent-elles exprimer leur ambition ? Une ambition qui milite pour un intérêt plus grand de la mission plutôt que pour une étoile de plus sur ses épaulettes.

J'ai entretenu sur mon blog une passionnante conversation sur ce sujet. C'était l'occasion de se rappeler quelques chiffres : en France, les femmes ne représentent que 17 % de l'ensemble des dirigeants salariés et 5 % dans les comités exécutifs des entreprises. Et c'est là pour moi qu'est le véritable combat, bien au-delà de celui pour une avancée dans les conseils d'administration, par nature plus symbolique, même si ce combat et le projet de loi actuel que je soutiens, enverront un signal majeur. Après des années de stagnation, l'heure est venue de faire et de dire comment. L'heure est venue de faire dans l'entreprise ce que le monde politique a commencé à faire dans ses rangs : mixité et parité, par la contrainte dans un premier temps. Et vous verrez que dans quelques années la contrainte disparaîtra et l'évidence prendra le pas.

On me demande parfois d'énoncer quelques conseils pour les entreprises qui souhaitent aider les femmes à y progresser.

Il y a, selon moi, quatre points importants qui peuvent aider les femmes à franchir le plafond de verre. D'abord, encourager les réseaux au féminin, favoriser la prise de parole qui permet de dédramatiser les inquiétudes et de faire émerger une vraie solidarité entre les femmes de l'entreprise.

Deuxième conseil : se doter de « rôles modèles » comme disent les Anglo-Saxons, c'est-à-dire mettre en avant des femmes auxquelles on peut raisonnablement s'identifier et qui ont atteint ce à quoi on aspire et ce sans sacrifice de l'essentiel.

Troisième point : promouvoir le mentorat. C'est une pratique encore peu développée en France. Cette pratique, en général, a l'extraordinaire résultat d'aider la parrainée à comprendre les codes de l'entreprise masculine mais aussi d'ouvrir les yeux du mentor sur tous ces détails, attitudes, qui peuvent faire la différence entre une organisation ouverte aux femmes et un clan d'hommes qui les rejette sans même s'en rendre compte. J'avais remarqué, il y a quelques mois, une initiative de l'APEC qui avait lancé une opération de parrainage de jeunes diplômées par des cadres dirigeantes. À la lecture de leur blog, cette opération semblait véritablement riche de sens et en même temps très concrète. Pourquoi ne pas aller plus loin et réfléchir à une systématisation du procédé dans les grandes entreprises ?

Enfin, je suis convaincue qu'il faut gérer les « pipelines » de talents. J'entends par là qu'à compétences égales, au moment des nominations, il faut que l'entreprise s'assure que la candidature des femmes ayant le potentiel d'être sélectionnées, soit vraiment considérée. Encore faut-il donc les avoir identifiées !

Le sujet de la progression de la mixité dans l'entreprise pose aussi la question de la discrimination positive. C'est un débat plus large et plus complexe, où se mêlent la notion républicaine de l'égalité et la crainte de la reconnaissance des communautarismes. Si j'entends ces arguments, il me semble aussi qu'il convient aujourd'hui d'aborder de front ce sujet de la diversité d'autant que la crise a fait aussi monter à la surface de l'opinion française un besoin fort d'équité et d'égalité devant l'avenir.

Pour aborder ce délicat sujet, il faut une volonté en amont, celle de rompre avec les injustices. Il faut aussi reconnaître qu'agir suppose un système de mesure qui montre les zones de progrès et prouve les réussites. Si tout comptage est interdit dans la Nation, il faudrait d'une manière ou d'une autre, avec toutes les assurances et les contrôles, pouvoir les installer, dans le cadre restreint de l'entreprise et sur la base du volontariat par exemple (ainsi que le proposait Yazid Sabeg). Comment sinon progresser, comment faire croire à la volonté d'ouverture de l'entreprise aux salariés, qui déjà émettent des doutes sur la sincérité de ses discours. Comment d'ailleurs pourraient-ils croire à une politique qui annonce un principe et ne se donne pas les moyens ni de la mettre en œuvre ni de mesurer le résultat ?

On ne peut pas imaginer résoudre le problème de la discrimination dans le marché de l'emploi, en laissant seuls juges et seuls responsables les managers et les recruteurs de terrain. Le rejet de la différence, la recherche de l'identique à soi-même sont dus à la peur. Peu sont ceux qui vont vers la différence naturellement. Aussi seul le questionnement contraignant à chaque étape de la progression de carrière fera avancer de façon apaisée la lutte contre la discrimination et pour l'égalité des chances. Il faut que la diversité devienne une politique d'entreprise pour une meilleure gestion des talents et non une loi dont le respect difficile conforte le discours revanchard de quelques-uns, chaque fois que la faute est constatée.

Carnet n° 7 – La parole et les actes

Ce que la crise nous a dit aussi, c'est que les salariés se méfient des discours des patrons. Les mots sont suspects. Et le fantôme de Sartre rôde derrière nous en chuchotant un précepte de son existentialisme : « L'homme n'est fait que de ses actes. »

Oui à la preuve, mais oui aussi à la parole. J'ai parlé, souvent, et souvent directement à mes 4 500 collaborateurs, par voie de textes, de vidéos, lors de mes tours de régions, dans des petites salles, lors de visites en agences, en centres administratifs, j'ai parlé pour que mes mots soient proches d'eux, pour qu'ils ne se sentent pas exclus des décisions que nous prenons.

J'ai parlé pour qu'ils ne reçoivent pas mes décisions dans le silence.

Je lis (je vois aussi) que les discours des patrons provoquent désormais incrédulité et méfiance. Ce n'est pas une donne nouvelle, mais elle a été particulièrement relevée ces derniers mois, en particulier dans des entreprises en crise, dont les responsables locaux se trouvaient visiblement dans la situation inconfortable d'appliquer une partition définie à l'avance ailleurs. Souvent, nos modèles organisationnels diluent et embrouillent la réalité des circuits de décision et de responsabilité et leur lisibilité.

Malgré ce sentiment de défiance montante, il est important que nous, patrons ou cadres dirigeants, conservions et alimentions le lien avec nos collaborateurs, en faisant un exercice de transparence : dire ce que l'on sait, dire aussi ce que nous ne pouvons résoudre seuls mais que nous nous engageons à faire avancer, et dire l'état de cet avancement. Cela demande du courage, et au sein des groupes internationaux, une nouvelle reconnaissance de cette responsabilité du terrain. Le patron tout-puissant et seul avec son pouvoir est devenu rare dans les grandes entreprises. Ne faisons pas semblant mais tirons-en les conséquences.

La transparence, cela ne veut pas dire : tout dire.

Le temps réel a les limites de la confidentialité au-delà de laquelle c'est l'entreprise tout entière qui est mise en danger. La transparence veut dire surtout qu'au-delà de la langue de bois qui a été créée pour conserver une sorte de cohésion (fictive) ou de paix sociale (toujours limitée avec cette méthode), il existe désormais le registre de la vérité et de la responsabilité. Loin d'être une déclaration gentiment naïve, il s'agit d'abord d'un principe de réalité : le monde connecté dans lequel nous évoluons tous, saura découvrir, très vite, ce qui est occulté. Et les commentaires qui naîtront seront les plus difficiles à contrer. La transparence est une demande insistante de notre époque, avec les dérives voire les déviances qui s'y rattachent, et l'entreprise n'est pas hors de ce jeu.

La méfiance des salariés envers les discours des patrons vient en grande partie de ce travers : faire croire que nous sommes maîtres de tout alors que les événements nous amènent parfois à changer de stratégie ou d'avis. Croire que l'on peut garder des secrets ou formuler des demi-vérités.

On ne répétera jamais assez que l'engagement des collaborateurs est un incontournable. Et à l'évidence il existe un lien entre engagement des salariés et performance long terme de l'entreprise. À l'évidence aussi cet engagement ne va pas de soi et le défi qui est devant nous, après ces deux années de crise, est de comprendre comment l'engagement d'après sera différent de celui d'avant : un besoin renouvelé d'équité sans doute, une demande de participation plus forte aux décisions et à leur mode d'application, une attente plus forte de management intermédiaire qui connaît, mieux que tous les relais, les réalités du terrain, et puis de la perspective, un parcours pour chacun, un voyage dans l'entreprise pour apprendre, évoluer, s'épanouir.

L'institut de l'Entreprise a mené plusieurs travaux de réflexion sur ces mutations à mettre en route et une conviction forte, que je partage, en ressort : chaque salarié doit bénéficier d'une gestion individualisée de carrière et surtout avoir un sentiment de sécurité probant, reposant sur une évaluation des conditions de son employabilité au sein de son entreprise et au-delà. Cette employabilité est la clé d'assurance pour chaque individu devant les inévitables tournants que vont prendre les organisations dans les années qui viennent, rompant définitivement avec l'emploi à vie et la carrière unique au sein d'une seule enseigne. Cette employabilité devra être travaillée dans le cadre le plus large du marché du travail et sera plus ou moins guidée selon la qualification du collaborateur. Elle pourra prendre la forme d'un parcours professionnel, jalonné de façon rigoureuse et continue, alternant des validations d'acquis de l'expérience (VAE ou autres) et des formations, de façon à permettre une adaptation continue aux nouvelles techniques et savoir-faire. Dans l'idéal il s'agit de réinventer une nouvelle forme d'ascenseur social, plus équitable : la possibilité pour chacun, tout au long de sa vie, de progresser dans sa voie, de changer d'orientation, d'explorer, de se découvrir et de combattre le déterminisme social et scolaire qui sclérose la créativité et l'innovation des entreprises.

Carnet n° 8 – Retrouvons le goût du long terme

À l'initiative de Christian Nibourel, président d'Accenture France, un petit groupe de chefs d'entreprise s'est réuni pour envisager l'après-crise sur des bases nouvelles et autour d'une conviction tenace : il convient désormais de privilégier un regard durable, une vision long terme, sur la marche de l'entreprise, modifiant en cela un certain nombre de principes de fonctionnement.

Pour donner corps à cette position, nous avons publié une tribune dans *Le Figaro*, en septembre 2009. Nous étions huit signataires : Jean-Pierre Clamadieu, président-directeur général de Rhodia ; Pierre Kosciusko-Morizet, président-directeur général de PriceMinister ; Christian Nibourel, président d'Accenture France ; François Seguineau, directeur général de Toshiba Systèmes France ; Arnaud Ventura, vice-président de PlaNet Finance et Martin Vial, directeur général du groupe Europ Assistance Holding.

Utilisons la crise pour repenser l'entreprise !

Depuis un an, la société vit au rythme d'une crise qui a bouleversé l'ordre du monde. La réactivité des grandes puissances et des institutions internationales a permis d'éviter l'effondrement total de l'économie. Si la véritable sortie de crise n'est pas encore d'actualité, nous n'en sommes manifestement plus à la médecine d'urgence mais à la rééducation et surtout à la définition d'une nouvelle hygiène de vie pour le système économique mondial.

Et de fait cette crise ne sera derrière nous que lorsque nos rapports au capitalisme, à l'économie et à l'entreprise auront réellement changé. Pourtant, certains s'empressent déjà de reprendre de mauvaises habitudes comme si rien ne s'était passé. Nombre de commentateurs commencent déjà à relativiser, voire à banaliser la crise. Elle ne serait qu'un hoquet un peu violent mais inévitable de la mondialisation. Un peu de patience, et tout recommencera comme avant.

Rien ne serait pire. C'est cette certitude qui nous a rassemblés. Chefs d'entreprise aux activités très diverses et aux sensibilités personnelles variées, nous partageons la conviction que nous avons, nous, patrons de petites, moyennes, ou grandes entreprises, la responsabilité d'agir pour changer les choses. Il ne s'agit pas de faire la révolution, mais à notre niveau de nous donner les moyens de modifier les schémas du passé. D'emmener l'entreprise au-devant de mutations nécessaires dont la crise ne fait qu'accélérer l'urgence.

Le premier chantier concerne certainement le cœur même de la mission de l'entreprise : la création de valeur. Au niveau macroéconomique, certains travaillent déjà à redéfinir les indicateurs de performances des nations. La Commission sur la Mesure de la Performance Économique et du Progrès Social présidée par le Professeur Joseph Stiglitz accompagné du prix Nobel Amartya Sen et de Jean-Paul Fitoussi se penche sur les paramètres qui permettent de mesurer le progrès des nations au-delà du seul PIB, trop restreint pour donner à lui seul une vision exacte de l'état des différentes sociétés.

C'est dans le même esprit que nous souhaitons réfléchir aux indicateurs de mesure de la performance de l'entreprise. Qui peut prétendre aujourd'hui que le P&L (compte de résultats) ou le ROE (rentabilité des fonds propres) peuvent à eux seuls la résumer ? Au plan microéconomique, le progrès mérite également d'être redéfini. Il doit pouvoir intégrer tout ce que l'entreprise fait pour son écosystème : employabilité de ses salariés, développement durable, diversité...

Le plus souvent les initiatives menées dans ces domaines sont perçues comme des contraintes supplémentaires, des freins à la performance de court terme, et restent donc en marge de la stratégie de l'entreprise. Nous pensons au contraire qu'intégrer ces exigences sociales au cœur de nos modèles peut en soi être une source de création de valeur.

Il est ensuite urgent de repenser l'entreprise comme l'un des moteurs du progrès social. Qu'elle le veuille ou non, l'entreprise est devenue un lieu majeur de construction de l'identité individuelle, de la construction des compétences, du tissage du lien social. Au moment où les réductions d'effectifs et les plans sociaux se multiplient elle est aussi un lieu de confrontations et d'expression d'exigences humaines. Outre la production de richesse, il est donc naturel de valoriser également ses contributions sociales réelles et objectives. C'est refonder les bases d'une performance qui remet l'homme au cœur du système de production de valeur, une production de valeur plus contributive pour la société tout entière.

Des exemples ? Il en existe déjà beaucoup. Au-delà de quelques affaires qui illustrent les dérives d'un capitalisme insolent, nombreuses sont les entreprises qui innovent et développent des pratiques exemplaires qui ne demandent qu'à se multiplier. Ces pratiques ignorées du compte de résultats et trop souvent des décideurs eux-mêmes sont pourtant une formidable source de création de valeur pour l'économie et la société tout entière.

Alors que faut-il changer dans la conduite de l'entreprise ? La question est vaste et les enjeux complexes. Mais la pierre angulaire de la transformation consiste à réintégrer une vision de long terme dans l'évaluation de la performance économique qui se résume trop souvent au profit immédiat. Nous devons renoncer à la tyrannie du temps court en acceptant qu'il ne puisse être l'unique horizon d'une entreprise responsable. Chacun sait qu'il n'est de progrès que dans le long terme. Intégrons cette perspective dans nos relations avec nos clients, nos fournisseurs et sous-traitants, mais aussi dans la gestion des compétences des salariés, et dans notre approche environnementale.

Cette réflexion est ambitieuse, mais elle interpellera les chefs d'entreprises qui ne se reconnaissent plus dans une économie qui a cessé de placer l'homme au cœur de ses préoccupations. C'est pourquoi, nous invitons les acteurs économiques sensibles à cette approche à nous rejoindre pour partager leurs expériences. Nous les invitons à proposer des alternatives afin de réconcilier performance économique et progrès social et finalement, œuvrer pour permettre un regard nouveau sur l'entreprise.

Notre démarche se veut résolument ouverte, pour mettre à disposition des dirigeants d'entreprise des exemples de bonnes pratiques qui fonctionnent et contribuent concrètement à faire changer les choses. Nous voulons également formaliser les résultats de ces échanges par un recueil de propositions à destination des décideurs, des organisations professionnelles et des cercles de réflexion. Telle sera notre contribution : présenter parmi les pratiques exemplaires des entreprises, celles qui mériteraient d'être modélisées pour réinventer une entreprise soucieuse de son environnement social et sociétal.

Le petit groupe de chefs d'entreprise que nous représentons n'a d'autre vocation que d'appeler à une mobilisation des décideurs sur ce thème crucial pour les prochaines décennies. Il nous appartient, individuellement et collectivement, de choisir notre posture par rapport à la crise.

Voulons-nous seulement la subir et retourner, une fois l'orage passé, au système antérieur ? Voulons-nous rompre avec la pratique d'une économie obsédée par l'immédiateté de performances jugées tous les trimestres, voire tous les jours et au contraire privilégier la croissance rentable ET durable ? Serons-nous capables de réintégrer le long terme dans nos visions, nos projets et nos modes de conduite de l'entreprise ?

Voulons-nous faire de cette crise l'occasion de penser différemment l'entreprise, une entreprise tournée vers le profit certes, mais toujours en créant de la valeur pour l'ensemble de ses parties prenantes et de la société ? Voulons-nous saisir cette chance historique ?

Nous en sommes persuadés : il ne faut pas gâcher la crise, réinventons l'entreprise !

Portraits de groupes pendant la crise

rédigés par les journalistes du Journal des Entreprises :

Philippe Armengaud, Thomas Baume, Gerry Bertrande, Stéphanie Bodin, Gilles Cayuela, Gaëlle Cloarec, Philippe Créhange, Guillaume Ducable, Adelise Foucault, Armelle Gegaden, Vanessa Genin, Simon Janvier, Isabelle Kurth, Hélène Lascols, Magali Le Clanche, Ségolène Mahias, Anne-Gaëlle Metzger, Stéphanie Polette, Violaine Pondard, Bérengère de Portzamparc, Claire Pourprix, Guénola Rivière, Juliette Sabatier, Stéphane Vandangeon, coordonnés par Vincent Combeuil, directeur des rédactions.

Je souhaitais confronter dans ce livre mon approche personnelle de la crise et des défis qu'elle a mis en évidence avec celle d'autres chefs d'entreprise.

J'ai choisi de le faire en donnant carte blanche à une rédaction, celle du *Journal des Entreprises*, premier réseau national de journaux économiques avec près d'une centaine de journalistes répartis sur l'ensemble du territoire – 22 éditions territoriales chaque mois et un site Internet. Un journal qui revendique à la fois sa proximité avec les entreprises et son indépendance vis-à-vis de tous les pouvoirs.

J'ai demandé à la rédaction du *Journal des Entreprises* de sélectionner, parmi tous les chefs d'entreprise que ses journalistes sont amenés à côtoyer tout au long de l'année, une trentaine de patrons de PME indépendantes, issus d'horizons géographiques et professionnels les plus divers possible, mais tous ouverts au débat sur la responsabilité des entreprises dans le domaine de l'emploi.

Nous avons choisi ensemble de présenter leurs témoignages sur le mode du portrait avec la subjectivité mais aussi la distance du regard du journaliste.

Ces portraits ont été réalisés sur le terrain, au cœur de la crise, durant l'automne 2009. J'ai choisi de vous les présenter ici sans ordre préconçu autre qu'alphabétique, pour préserver la force du récit et l'authenticité du témoignage.

Françoise GRI

André-Jacques Auberton-Hervé
Soitec

Le chercheur devenu entrepreneur

« Ce qui fait 90 % du succès des start-up, c'est la conviction des gens qui les portent », assure le P-DG et cofondateur de Soitec, André-Jacques Auberton-Hervé. C'est cette force de conviction qui a permis à la start-up de grandir pour se hisser au rang de leader mondial dans la fourniture de matériaux innovants pour l'industrie microélectronique de pointe.

Soitec produit des plaques de silicium sur isolant. Elle achète des plaques de silicium qu'elle transforme, en leur ajoutant un isolant, puis qu'elle revend aux industriels des semi-conducteurs. Avec des clients comme IBM ou AMD, Soitec fabrique un matériau que l'on retrouve dans les consoles de jeu de Sony, Nintendo ou Microsoft.

Aujourd'hui, Soitec emploie un millier de salariés, gère deux unités de production à Bernin en Isère, une aux Ulis au sud de Paris, et une à Singapour, et possède des bureaux aux États-Unis, au Japon et à Taïwan, pour un chiffre d'affaires de 213,9 millions d'euros. Pas étonnant que les modèles de Bill Gates, fondateur de Microsoft, et Steve Jobs, fondateur d'Apple, fassent rêver André-Jacques Auberton-Hervé. Ces modèles où les start-up deviennent des géants, où l'innovation technologique pousse à se renouveler très vite et où les relations entre la recherche et l'industrie sont très étroites.

Une culture mixte

André-Jacques Auberton-Hervé est un des rares P-DG français à être issu du monde de la recherche publique. Diplômé de l'École centrale de Lyon et titulaire d'un doctorat de physique dans le domaine du semi-conducteur, il a commencé sa carrière scientifique au sein du CEA-Léti (Laboratoire d'électronique et de technologies de l'information) de Grenoble. « Je pense que le monde de la recherche a des valeurs très fortes, assure-t-il. Des valeurs d'éthique d'abord : quand on publie des résultats, on les étaie, on respecte les travaux des autres en les citant et on ne les copie pas... Des valeurs de contribution : on veut faire avancer la science. Et aussi de fortes valeurs humaines. Ce sont de vraies valeurs applicables dans la vie de tous les jours mais aussi au sein de l'entreprise. »

Au Léti, l'industriel est considéré comme un partenaire. Il fait partie des équipes. « Que ce soit au Léti ou au cours de mon parcours personnel, je n'ai jamais senti les cloisonnements qu'on veut parfois ériger entre le monde souvent idéalisé de la recherche et celui de l'industrie. En effet, j'ai très vite managé de gros projets d'innovation pour le service d'industriels. Avec une reconnaissance internationale et des budgets intéressants. À l'issue de ma thèse, j'ai été responsable de transfert industriel. J'ai donc tout de suite été plongé dans le grand bain. Cela m'a permis d'avoir cette culture mixte. »

Ce parcours lui a également appris à amener un produit de la recherche vers le monde industriel en appréhendant les contraintes économiques et celles liées à l'innovation. Il faut notamment prendre en compte les notions de *time to market* : le marché existe à un certain moment et il ne faut pas rater ce timing.

80 % des plaques de silicium isolant fabriquées dans le monde

« Dans la recherche, on a la reconnaissance de ses pairs tandis que dans l'entreprise, le facteur économique est très efficace pour savoir si on avance. Mais dans les deux cas, il faut avoir des convictions fortes chevillées au corps. »

Une conviction qu'il partageait avec un autre chercheur au CEA-Léti, Jean-Michel Lamure, décédé en mai 2006. C'est avec lui qu'il a fondé Soitec en 1992. « La création de Soitec est aussi une histoire d'amitié, rappelle André-Jacques Auberton-Hervé. À l'origine, nous étions deux chercheurs aux compétences et aux caractères complémentaires. » Pionniers dans leur domaine, ils ont exploité la technologie Smart Cut^{TM} pour fabriquer en fort volume du silicium sur isolant, qui permet de produire des puces plus performantes, qui consomment moins tout en permettant de gagner en rapidité et en efficacité. Aujourd'hui, Soitec est cotée en Bourse et fabrique 80 % des plaques de silicium sur isolant utilisées dans le monde.

C'est aussi cette conviction qu'André-Jacques Auberton-Hervé veut faire partager à ses mille salariés et qui lui a valu de recevoir le prix de l'Audace créatrice en 2006, ainsi que le prix du Créateur d'entreprise en 2007 : il faut oser, penser grand, ne pas se limiter...

Oser aussi sur le terrain social pour faire face à la crise

Ce n'est donc pas un hasard si le plan de restructuration mené par Soitec en 2009 pour faire face à la crise économique paraît audacieux. En effet, alors que le marché du semi-conducteur a accusé une perte allant jusqu'à 40 %, non seulement Soitec a décidé de ne réduire ses effectifs que de 10 %, mais également de se positionner sur de nouveaux marchés tels que la 3D, les LED, le photovoltaïque, les écrans plats... Début 2010, elle a d'ailleurs racheté l'Allemand Concentrix, l'un des premiers fournisseurs mondiaux de systèmes photovoltaïques à concentration. « Dans le semi-conducteur, on est habitué à avoir des cycles de croissance qui correspondent à des innovations fortes. Et à avoir aussi des périodes d'accalmie, explique le P-DG. Mais là, il s'agit d'une crise macroéconomique. On avait déjà connu cela en 2001-2003. À l'époque, la rapidité et la brutalité de la chute de la production n'étaient pas comparables. Il a donc fallu réagir raisonnablement. Car entre la chute brutale du marché et les prévisions apocalyptiques des analystes (les mêmes qui n'avaient pas vu la crise arriver), le chef d'entreprise se doit d'agir sans dramatiser la situation et en conservant ses valeurs. »

André-Jacques Auberton-Hervé a surtout tenu à garder sa capacité d'innovation pour rebondir et préserver « l'humain, qui est la valeur numéro un de la société ». Le plan a été mené en quelques mois, entre le début des premières négociations avec les partenaires sociaux en mars et le départ de la majorité des personnes fin juillet.

Une convention de mise à disposition du personnel a été signée avec le pôle de compétitivité mondial Minalogic. Une mesure innovante qui, même si elle est très peu utilisée, existe depuis 2006. Concrètement, les sociétés membres du pôle ont ouvert des postes auxquels ont pu postuler les salariés intéressés de Soitec.

Il s'agit aussi bien d'opérateurs, de techniciens, que d'ingénieurs. Au final, 21 salariés sont en poste depuis octobre 2009 dans leur structure d'accueil. Ils restent payés et salariés de Soitec, qui facture à l'euro près aux sociétés d'accueil. Et il est prévu qu'ils réintègrent la société en 2011. Cette mesure permet de garder les compétences sur le bassin grenoblois.

Plus de 70 salariés se sont en outre portés volontaires pour être accompagnés dans un nouveau projet personnel ou professionnel. Parmi eux, 50 % ont choisi de créer ou de reprendre une entreprise. Un chiffre qui traduit bien leur esprit d'entreprendre, insufflé par le P-DG. Et avec une moyenne d'âge de 35 ans, le personnel est jeune et dynamique.

La direction a également mis en place une politique d'intéressement pour que les salariés s'investissent dans la société et participent à sa réussite. Ainsi, malgré la crise, les échanges avec les partenaires sociaux ne se sont pas détériorés. « Il est important que le dialogue social continue, même en période de tourmente, en trouvant des solutions raisonnables et de longue durée. »

Des solutions possibles même dans les sociétés cotées en Bourse ? « Ne nous faisons pas de fausses idées sur la Bourse, souligne le dirigeant. C'est un outil formidable pour avoir les moyens financiers de ses ambitions. Les investisseurs sont des partenaires. Toutes nos usines existent aujourd'hui car nous avons ouvert notre capital. La réaction qui consiste à garder 100 % de son capital n'est pas du tout adaptée aux start-up promises à un bel avenir. Je reste le fondateur. J'ai des valeurs qui sont différentes d'un CEO qui va passer trois ans dans une société cotée. Ces valeurs sont reconnues par nos investisseurs, à qui l'on prouve qu'on a la capacité de concrétiser des projets innovants, avec une vision à long terme. »

Stéphane Benhamou
Paca Distribution

Une grande distribution citoyenne

Il n'est pas originaire du Var mais il a aujourd'hui la passion de son pays d'adoption. Au point d'avoir baptisé Sud Dracénie, du nom du pays de Draguignan, l'hypermarché qu'il vient d'ouvrir sur la commune des Arcs-sur-Argens, le premier hyper Haute Qualité Environnementale de l'Hexagone.

Du boom des supermarchés à l'hyper citoyen

C'est dans les années 1980 que Stéphane Benhamou, tout juste diplômé de l'École Supérieure de Commerce de Marseille et d'études comptables et financières, constate le développement accéléré du supermarché. Après avoir travaillé aux côtés de son père dans l'entreprise familiale, il crée, en 1990, Paca Distribution et ouvre son premier supermarché aux Arcs-sur-Argens. Ses débuts d'entrepreneur ne sont pas toujours faciles. Il cherche ses marques : d'abord rattaché au réseau Francap Distribution, il fait ses premiers pas sous l'enseigne Tigre, aujourd'hui disparue. Puis il rejoint Promodes, sous-enseigne Champion. Deux réseaux, deux expériences qu'il a préféré oublier pour se concentrer sur l'avenir.

Depuis, il a rallié « sa seconde famille, Système U, un réseau de commerçants indépendants avec lequel il parle le même langage et partage les valeurs que sont la culture du lien, de la proximité, de la considération de l'humain dans son environnement ». Soutenu par son réseau, il peut enfin se consacrer à son projet : la construction d'un centre commercial au cœur du Var capable de répondre aux besoins du territoire tout en respectant son environnement patrimonial. Dix années de travail plus tard, en octobre 2008, il ouvre son premier hypermarché aux Arcs-sur-Argens, à quelques mètres seulement de son premier supermarché, désormais fermé.

À travers cet établissement, Stéphane Benhamou affiche son exemplarité sur le terrain de l'environnement – économie d'énergie et d'eau, espaces verts, panneaux photovoltaïques, intégration au site... – et de l'emploi. Par la création d'emplois directs – une centaine de CDI au sein de l'hypermarché – et indirects – 100 emplois créés dans les boutiques de la galerie commerciale. Mais aussi par l'implication personnelle du patron dans le processus de recrutement.

Un recrutement engagé

Stéphane Benhamou privilégie l'insertion de personnes éloignées de l'emploi. Il réunit pour cela les structures départementales d'insertion, les missions locales pour l'emploi, mais aussi Agressif, une association de gestion du fonds pour l'insertion professionnelle des personnes handicapées, et Actif, une association dont la vocation est de mettre en relation avec le monde du travail des personnes en situation de précarité ou atteintes d'un handicap.

Attaché à son territoire d'adoption, le Var, il recrute selon le profil, l'envie, la volonté d'intégrer l'entreprise et le professionnalisme technique lié aux différents métiers de la grande distribution : boulanger, boucher, agent de caisse etc. « En tant que chef d'entreprise, l'une de mes responsabilités est de pouvoir offrir du travail aux populations présentes sur un territoire, qu'elles soient issues de l'immigration, en retraite militaire ou âgées de 50 ans et plus. » Alors, aujourd'hui, sur 225 salariés à l'Hyper U des Arcs-sur-Argens, 81 % habitent dans le pays de Draguignan. L'entreprise emploie aussi une trentaine de seniors et les profils des salariés sont très divers.

Cette politique de recrutement se prolonge par une ouverture très volontariste sur l'enseignement professionnel. Par le biais des stages, des contrats de professionnalisation ou d'apprentissage, Paca Distribution a noué des liens avec les écoles de la région. Elle est partenaire du CFA du lycée agricole des Arcs-sur-Argens et entretient une relation privilégiée avec le CFA de Carros, dans les Alpes-Maritimes, qui est spécialisé dans les métiers de bouche et qui a mis en place des classes mono-enseignes. Pendant deux ans, les élèves apprennent les techniques particulières du métier de leur choix tout en s'identifiant à une enseigne qu'ils rejoindront une fois leur diplôme obtenu.

Développer l'attractivité de la grande distribution

Stéphane Benhamou reconnaît volontiers que la grande distribution est souvent décriée pour ses conditions de travail. C'est pour lui un enjeu majeur. Il veut fidéliser ses collaborateurs, notamment son effectif féminin, qui représente 163 des 225 salariés de l'entreprise.

Le groupe n'est pas favorable à des contrats de travail inférieurs à 30 heures hebdomadaires, mais il considère aussi que « les femmes ont droit de concilier un travail rémunérateur à une vie de famille épanouie ». Le dirigeant multiplie donc les initiatives. Il a sollicité le concours d'un ergonome pour la réalisation de postes de caisses alliant confort pour l'hôtesse et qualité de service pour le client. Il apporte aussi sa participation à la création d'une crèche interentreprise dans le cadre de la communauté d'agglomération dracénoise.

Enfin, formation, communication interne, valorisation de l'humain sont au cœur de la politique sociale de Paca Distribution, dont le maître mot est la reconnaissance du personnel dans ce qu'il fait et ce qu'il est.

Commerçant de proximité

Stéphane Benhamou combat les préjugés pour renvoyer un visage humain de la grande distribution et pour définir son entreprise comme un partenaire à part entière de la vie locale.

Commerçant de proximité avant d'être entrepreneur, il veut renouer avec l'un des fondamentaux de son métier, à savoir la création de lien social. Pour cela, il multiplie les occasions d'échanger avec sa clientèle et son personnel. Il attache également un soin particulier au référencement de produits du terroir. Attentif à l'ensemble des acteurs qui composent un territoire, il a relevé le challenge de positionner son centre commercial comme un centre de vie au cœur du Var. Il a également traduit dans les faits les valeurs qui l'animent depuis de nombreuses années : le respect de l'homme et de son environnement, le développement local, la construction d'une économie durable.

Et Stéphane Benhamou ne compte pas s'arrêter là. Il prépare déjà l'agrandissement de l'Hyper U des Arcs-sur-Argens.

À croire que la crise ne l'a pas atteint. Pourtant, elle a particulièrement touché la grande distribution. « Entre le 15 janvier et le 15 mars 2009, la France a enregistré une chute de la consommation alimentaire comme jamais elle n'en avait connu. Moi qui suis anxieux, j'ai cru que j'allais fermer boutique. » Certes, les résultats de l'entreprise ont souffert, mais le dirigeant n'a pas baissé les bras. Il a affronté le problème et a cherché de nouvelles stratégies pour le résoudre : « Les clients consomment moins et différemment. Ils se sont responsabilisés pour devenir des consommateurs-citoyens. À nous de nous adapter. En leur proposant par exemple davantage de produits locaux ou issus de l'agriculture biologique. Ou en théâtralisant la consommation. » L'animation de l'hyper des Arcs est ainsi planifiée sur l'année, heure par heure.

Fort de cette réactivité, propre à de nombreuses PME, la première année d'exploitation de l'hyper s'est finalement conclue par un résultat positif. Et Sud Dracénie a continué à recruter.

Jacques Boisleux
Staphyt

L'agriculteur devenu chercheur en agronomie

Un corps de ferme réaménagé, des bureaux aux poutres apparentes, des fenêtres ouvertes sur la campagne environnante, l'univers de Jacques Boisleux est celui d'un homme de la terre. Ce dirigeant est à la tête de Staphyt, une PME du Pas-de-Calais spécialisée dans les tests de produits phytosanitaires et biologiques qui truste le leadership européen de la recherche agronomique. 15 millions d'euros de chiffre d'affaires annuel et une croissance moyenne de 20 % n'ont pas fait tourner la tête à ce patron attaché à ses origines rurales. Son aventure professionnelle est un pied de nez sympathique à l'histoire. « Je suis fils d'agriculteur. Pour mon père, je ne pouvais rien faire d'autre. » Il exercera bien ce métier. Une dizaine d'années seulement.

Un ancien agriculteur autodidacte

C'est pour son épouse que Jacques Boisleux crée la PME. Ingénieure, spécialiste en agronomie, elle travaille alors à Paris et essaie vainement de trouver un emploi dans le Nord. Pour qu'elle puisse le rejoindre dans la région, il fonde Staphyt, « Sta » pour « station expérimentale » et « Phyt » pour « plantes ». « J'étais agriculteur et, à la création de la société, j'ai pris en charge la partie gestion. Notre cœur de métier : l'expérimentation et la recherche en agriculture sur les maladies des plantes et des insectes. Nous nous sommes lancés à trois. Au début, nous n'avions que 5 à 6 clients dans la région. »

L'homme est fin stratège et gestionnaire. Pas de diplômes encadrés sur les murs de son bureau. Le dirigeant s'est fait lui-même. « J'ai intégré l'Institut des managers au sein de la CCI d'Arras, suivi des colloques et visité beaucoup d'entreprises. » L'envie d'apprendre est forte : il enchaîne les stages en gestion, en comptabilité, en ressources humaines... Et, aujourd'hui, il peut renvoyer l'ascenseur. « Notre budget formation est considérable. J'y tiens beaucoup. » Début 2010, il a d'ailleurs ouvert son propre centre de formation.

Un Européen convaincu

« Nos clients sont des multinationales de la chimie et de l'agrochimie comme les groupes Bayer et BASF. L'originalité de Staphyt réside dans deux points : d'une part, non seulement nous proposons des tests en laboratoire, mais aussi des tests en plein champ, ce qui est plus rare ; d'autre part, avec 34 sites en Europe, dont 17 en France, nous avons la possibilité de faire des essais sur des sols et des milieux très variés. » Auparavant, ces essais étaient réalisés en interne. Staphyt offre désormais l'opportunité d'assurer ces tests en laboratoire ou en extérieur, et de compléter les dossiers européens d'homologation de leurs produits. En fait, ce sous-traitant a inventé un métier pour ses clients.

« Nous avons des objectifs précis et une vision claire de là où nous voulons aller. Le développement se fait par l'ensemble du personnel. J'ai à mes côtés un directeur général, des responsables pays et un directeur commercial. Je ne fais que donner les orientations, tout est ensuite relayé. »

L'équation paraît simple. Elle éluderait presque la croissance externe, qui s'est accélérée depuis un an et demi. Comme l'atteste la remise du grand prix des Leadexports, le trophée qui récompense les meilleurs résultats exports, Jacques Boisleux a très vite saisi l'importance de l'Europe. « Il nous faut travailler avec une dizaine de pays en Europe. Cela se fait via des partenariats, quand nous en trouvons. Sinon, nous nous implantons. » Dernièrement, deux nouvelles entités, l'une allemande et l'autre polonaise, confortent Staphyt sur un échiquier européen. Elle compte déjà douze partenaires sur place. La conquête européenne est en marche.

Un tiers des cadres travaillent depuis leur domicile

Passionné d'innovation, le dirigeant, de nature discrète, s'enflamme tout à coup lorsque qu'il aborde le sujet des Technologies de l'Information et de la Communication (TIC). Staphyt compte bon nombre de sites en France et en Europe. L'atout TIC est incontournable. « Il a fallu faire en sorte que l'équipe soit ensemble même en étant géographiquement éloignée. » L'Extranet de Staphyt est telle une toile où tous les salariés sont connectés. Toutefois, cette toile est tissée de manière originale. « Un tiers des cadres de l'entreprise travaillent chez eux. Pour les autres, la souplesse est de mise. Ici, les salariés arrivent et repartent à l'heure qu'ils veulent. Le travail est donné en jours. » La contrepartie exigée par Jacques Boisleux est la transparence. Tout ce qui est fait est visible par l'ensemble du personnel et par le client. C'est perceptible dans les locaux de la PME. Entre le dirigeant et ses salariés, les échanges sont aisés et réguliers. L'entreprise est l'affaire de tous. Jacques Boisleux revendique une gestion de bon père de famille. « Nous aurions pu avoir un siège social plus grand et plus clinquant. Nous avions pas mal d'opportunités d'implantation. » Au final, il n'en est rien. Les locaux sont confortables, chaleureux et se fondent dans le paysage d'Inchy-au-Bois. « Je suis attaché à des valeurs familiales très simples. Interrogez mes salariés, ils sont contents d'être à la campagne. »

En avance sur les lois sociales

En interne, Jacques Boisleux prend des initiatives sociales qui devancent bien souvent le cadre législatif. Dernière en date : la possibilité offerte aux salariés d'entrer au capital de la holding. 10 % du personnel y a déjà adhéré. « Cela permet de rentrer dans le jeu de l'entreprise. Certes, il est possible de tout perdre mais on peut aussi gagner beaucoup. » Plus qu'une opportunité, le dirigeant met là en pratique l'une des valeurs à laquelle il tient le plus : « Il est important d'associer ses salariés au développement de l'entreprise. » Ce patron n'a pas attendu les 35 heures pour mettre en place la réduction du temps de travail. Idem pour la prime d'intéressement, qui a toujours existé, et la mise en place du comité d'entreprise, un an avant les obligations légales.

Au final, peu de turn-over et un pari sur l'avenir. « Quand on choisit quelqu'un et qu'il est bon, nous faisons tout pour le garder. » Cet objectif en tête, le dirigeant sait qu'il dispose d'un atout concurrentiel en retour. « Mon métier est de vendre de la main-d'œuvre. Mes gars doivent être bien dans leurs baskets. Si on gagne quelques points de satisfaction chez nos salariés, les résultats sont là. »

Staphyt tire son épingle du jeu

La petite entreprise ne connaît pas la crise. La prudence reste néanmoins de mise. « Quand je vois les aides apportées actuellement à de grands pans de l'industrie, le chômage qui repart à la hausse, les déficits sociaux qui s'accentuent, je sais que les entreprises, Staphyt comme d'autres, devront payer. » De nature pondérée, il s'agace toutefois de ce qu'il appelle « la chasse aux sorcières lancée en France. Le gouvernement met des freins. Nous avions un niveau de recherche important. Nous observons aujourd'hui une fuite des cerveaux et des budgets. La Chine en profite ».

Épargnée par la crise, la PME surfe sur de bonnes années agricoles et des programmes de recherches engagés sur du long terme. L'avenir, sans être assuré, semble prometteur. La population mondiale augmente et il faudra la nourrir, en produisant plus et en polluant moins. Les géants de l'agrochimie n'ont donc pas fini de chercher des solutions à ces problématiques. Présente sur un marché de niche en Europe, l'entreprise du Pas-de-Calais et son dirigeant peuvent miser sur des vents porteurs. Mais cela ne suffit pas : Staphyt revendique la mise en place d'outils et de positionnements différents et la priorité donnée à la qualité du travail. « Si nous n'avions rien fait, notre chiffre d'affaires aurait stagné. Actuellement, nous sommes dans une phase où nous devons gérer le surcroît d'activité. » L'heure est donc au recrutement : la société, qui compte déjà 165 salariés, recherche aujourd'hui cinq techniciens et ingénieurs.

Sylvain Breuzard
Norsys

Diversité et égalité professionnelle

Après neuf ans en tant que salarié chez IBM, puis chez Soleri, Sylvain Breuzard décide de créer sa propre société de services en ingénierie informatique (SSII), Norsys, spécialisée dans le développement et la réalisation de grands projets de système d'information et d'applications basées sur les nouvelles technologies à haute valeur ajoutée. « Je pense que la décision de créer une entreprise doit se prendre très rapidement. Moi, je l'ai prise en une minute », confie-t-il.

La particularité de la société : son engagement de résultat. « Ce métier de développement de logiciel se fait en grande partie en délégation de personnel et les entreprises facturent à la journée. Nous, nous avons décidé de vendre du forfait avec un engagement de résultats. Le concept a immédiatement plu. La société s'est très vite développée et nous avons dû embaucher. » Norsys compte aujourd'hui plus de 200 salariés sur quatre sites, dans la région lilloise, à Paris, à Lyon et à Marrakech, où l'entreprise s'est implantée en 1996. Son

P-DG a pu mesurer l'impact de la croissance fulgurante de ses effectifs sur le management de l'entreprise. « 80 % des problèmes des entreprises sont liés au management. L'effet volume peut être terrible pour une société. Une petite chose peut très vite devenir un séisme si l'approche managériale n'est pas bonne. » Pour Sylvain Breuzard, le faible turn-over de Norsys – 8 % en 2008 contre une moyenne de 20 % dans la profession – est à cet égard un bon indicateur d'efficacité.

Recruter en temps de crise

Le développement de Norsys – 19 millions d'euros de chiffre d'affaires en 2009 – est le fruit d'une stratégie fondée sur l'anticipation et la recherche de la performance : dans les affaires, mais aussi sur le plan social.

Anticipation dans la politique de recrutement. « En temps de crise, on fait la différence en innovant et en recrutant. Nous sommes la seule SSII de France à avoir les labels Diversité et Égalité professionnelle, délivrés par l'Afnor », affirme le P-DG de Norsys qui a, entre autres choses, généralisé la pratique du CV anonyme et créé sa propre école interne baptisée modestement « Easymakers ». « La première formation (Easy) concerne l'écoute, l'adaptabilité, le sens du service, l'initiative et l'innovation. Il faut compter deux ans. La seconde, qui dure trois ans, insiste sur la médiation, l'anticipation, le charisme, l'excellence et la responsabilité. » Objectif affiché : améliorer la qualité des rapports avec les clients.

Mais si Norsys a pu créer, cette année encore, une dizaine d'emplois, c'est d'abord grâce à la réussite de sa stratégie d'innovation. « Penser à moyen terme, c'est investir dans la R&D (Recherche et Développement). Nous l'avons fait cette année à hauteur d'un million d'euros, formation comprise », explique-t-il.

À la barbe d'IBM, d'Atos et d'Orange, Norsys a été retenue pour développer le kiosque de services, sur la technologie des téléphones mobiles, du projet U-shopping (commerce interactif ubiquitaire) développé par le pôle de compétitivité des industries du commerce.

Elle a également lancé un volet conseils en management et en RH avec le développement d'un logiciel qui permet à Norsys de proposer à ses clients une démarche novatrice en terme de gestion de parcours professionnel. Cette activité emploie aujourd'hui 25 personnes au niveau du groupe.

Mais cette stratégie d'investissement à moyen terme a une contrepartie : le gel des dividendes. Une décision assumée et même revendiquée.

Impliqué dans le CJD et dans Greenpeace

En complément et en cohérence avec l'investissement dans la formation, Sylvain Breuzard a créé, en 2003, une fondation qui s'est notamment engagée dans un partenariat avec une association qui aide les chômeurs victimes de discriminations. Elle parraine aussi des étudiants en les épaulant dans leur recherche de stage et la construction de leur projet professionnel.

Cette implication de l'entreprise se double d'un engagement personnel du dirigeant. Dans les cercles patronaux : Sylvain Breuzard s'est très tôt joint au CJD, le Centre de jeunes dirigeants, dont il a été le président de la section lilloise de 1999 à 2001 et le président national de 2002 à 2004. Cet engagement dans les structures professionnelles l'a conduit à s'impliquer personnellement auprès de trois entreprises en difficulté travaillant dans des univers très différents. « J'aimerais que l'on soit là si je connaissais des difficultés. Alors je passe du temps avec ces dirigeants et leur propose des méthodes de travail pour résoudre leurs difficultés. » Autre conviction, autre engagement : Greenpeace. Il en est un membre actif et membre depuis 2008 de son Conseil d'Administration.

À ceux qui s'inquiètent du risque de dispersion dans cette profusion de réseaux et d'associations, il répond tranquillement que ces engagements sont pleinement complémentaires et cohérents avec ses choix professionnels...

Bertile Burel
Wonderbox

Celle qui vend des expériences

Le concept existe depuis vingt ans en Grande-Bretagne. Une société achète des prestations en gros et les revend sous forme de chèques cadeaux aux particuliers et aux entreprises.

En 2003, à leur retour de voyage de noces, c'est cette idée que Bertile Burel et Jacques-Christophe Blouzard, lassés de leur vie de salariés, désirent exporter. Forts de leur aventure commune – un tour du monde de six mois – et de solides expériences professionnelles – elle était responsable du business développement chez TPS, il avait développé Lastminute.com en France –, ils décident de lancer Wonderbox. Les coffrets se vendent d'abord sur Internet, puis dans les agences de voyages et la grande distribution. Au terme de cinq années d'exercice, Wonderbox, devenu numéro deux français des coffrets cadeaux, réussit à maintenir ses objectifs de croissance malgré la crise. En 2009, avec 9 500 activités au catalogue, le chiffre d'affaires est de 60 millions d'euros, soit 65 % d'augmentation en un an.

Success story et bouts de ficelle

« Quand on est un jeune entrepreneur, on se heurte d'abord aux réticences de son entourage. Heureusement, mon mari et moi portions le projet ensemble, cela faisait déjà une personne de moins à convaincre », se souvient Bertile Burel. Une année sera consacrée à l'étude de marché, au business plan et à la levée de fonds. Et malgré la détermination et le regard franc de la jeune quadra, les capital-risqueurs ne se sont pas précipités pour soutenir le projet. Être une femme n'est pas vraiment un atout pour convaincre les financiers. « Je suis allée présenter Wonderbox dans une grosse société de financement alors que j'étais enceinte de sept mois. En voyant la tête des quinze banquiers présents, j'ai senti qu'ils ne nous accorderaient rien. »

Prenant acte de la frilosité des investisseurs, Bertile Burel et Jacques-Christophe Blouzard ont utilisé leurs propres fonds pour lancer les deux premiers coffrets : « Adrénaline » et « Turbo », dédiés aux sports mécaniques et extrêmes. Le business plan bien présent à l'esprit, ils élargissent leur offre, en direction de la clientèle féminine (spas, beauté), puis dans le domaine de la restauration et du tourisme. Le succès ne se fait pas attendre : le point mort est atteint au bout de un an. « On s'est débrouillé avec des bouts de ficelle, d'abord à deux, puis en employant le moins de personnes possible et sans pouvoir les sélectionner aussi strictement que nous l'aurions voulu, parce qu'on ne gagnait pas d'argent, raconte Bertile Burel. Nous avons utilisé absolument tous les canaux de recrutement : ANPE, chasseurs de têtes, annonces, écoles, associations d'anciens élèves… »

Jacques-Christophe Blouzard avait fait, chez Lastminute.com, l'expérience d'une croissance rapide. Il lui était donc naturel d'anticiper sur le développement de sa société en recrutant. Mais attirer les bons profils quand on est une PME peu connue n'est pas chose facile. « Il faut retenir les meilleurs salariés en les impliquant dans le projet, en leur offrant des perspectives et une bonne ambiance de travail. La plupart des personnes sont arrivées sur des créations de poste et ont pu disposer d'un réel périmètre pour exprimer leur créativité. »

« Embaucher était une perspective qui me plaisait, non seulement comme chef d'entreprise, mais en tant que citoyenne », renchérit Bertile Burel. Comme toute jeune entreprise, Wonderbox a bénéficié d'aides à l'embauche, mais quand on les évoque, la directrice générale les balaie d'un revers de main : « Pouvoir toucher les Assedic et donc vivre pendant que nous montions notre projet a été l'aide la plus directe et la plus importante que nous ayons reçue. Ce qui fait l'emploi durable, c'est la qualité du recrutement, pas les aides. La personne compétente, au bon poste, c'est un atout formidable ! Plus on avance, plus on s'aperçoit que les ressources humaines sont primordiales. » Pour répondre à cette nécessité, Bertile Burel et Jacques-Christophe Blouzard n'ont pas hésité à engager une directrice des ressources humaines venue d'une grosse société de prêt-à-porter : « Elle gérait 6 000 personnes et nous n'étions encore que 50… Son expérience a été déterminante. »

Repositionnement réussi face à la crise

En 2008, la société est rentable. Les coffrets week-ends représentent désormais la moitié de l'activité et les ventes aux entreprises ont doublé en un an. Pourtant, les prémices de la crise se font ressentir et le couple se prépare à une période difficile. Au cours de l'un des pots bimensuels avec le personnel, il expose clairement les données. « Nous devions tenir nos postes, en nous concentrant sur nos produits, raconte Bertile Burel. Nous avons donc fait rentrer de nouveaux investisseurs dans notre capital. »

Après avoir réalisé des simulations, le couple décide de serrer les coûts et envisage même une restructuration. Mais il s'aperçoit vite que Wonderbox résiste grâce à ses activités ponctuelles et ses week-ends en France : les consommateurs français, soucieux de réduire leur budget loisirs, se reportent sur les séjours de courte durée. L'entreprise recommence rapidement à embaucher. À l'automne 2009, elle affiche plus de 80 postes ouverts au recrutement, sans compter les saisonniers employés chaque année à Noël, et un chiffre d'affaires en croissance de 65 %. En poursuivant la diversification de ses offres, notamment par le biais de partenariats prestigieux avec Michelin et *Elle*, Wonderbox a démontré ses capacités.

Toujours en mouvement, les fondateurs de Wonderbox entendent désormais accélérer leur développement à l'international, qui ne représente pour l'instant que 10 % de leur activité. Ils ont ouvert, au deuxième semestre 2009, des bureaux en Belgique, au Portugal et au Japon, mais, pour l'instant, tout est piloté depuis Paris. « À court terme, nous devons surtout renforcer notre notoriété, les gens ne nous connaissent pas assez », déclare Bertile Burel, qui compte bien y remédier.

500 euros par an à chaque salarié pour tester les produits de l'entreprise

Salariés jeunes – 28 ans en moyenne –, esprit ludique, voire hédoniste, évidemment lié à la branche d'activité de la société, croissance quasi exponentielle, Wonderbox ressemble à l'image d'Épinal de la start-up. Surtout lorsqu'on entend Bertile Burel expliquer qu'« avec le temps, nous voulons garder l'un des principes qui a contribué à notre développement : si quelqu'un a une bonne idée, nous voulons pouvoir la réaliser, d'où qu'elle vienne. La qualité de nos offres est une préoccupation perpétuelle et cette pression-là s'impose à tous. » Et notamment au département Produits, organisé en pôles correspondants aux thématiques des coffrets (sport, gastronomie, détente…), qui emploie plus du quart des effectifs. « J'ai constamment à l'esprit une question : serais-je prête à payer pour vivre, ou faire vivre à un proche, telle ou telle expérience ? C'est une préoccupation que je veux faire partager à nos 150 salariés », résume Bertile Burel. D'ailleurs, chacun d'entre eux dispose d'une enveloppe de 500 euros par an pour tester l'un des coffrets.

Romuald Capron
Arkane Studios

Du virtuel au réel

Romuald Capron a une trentaine d'années lorsqu'il est rattrapé par son passe-temps d'adolescent, le jeu vidéo. De simple joueur, il devient acteur du développement de ces mondes virtuels qui sont devenus une véritable industrie de pointe.

De l'architecture au jeu vidéo

« J'ai été recruté par Infogrames en 2000, se souvient Romuald Capron, diplômé de l'Insa de Lyon, spécialisé en Génie civil. C'est après avoir dirigé une filiale spécialisée dans des projets de simulation pour l'aménagement du territoire et l'architecture qu'Infogrames a repéré mes compétences en gestion de projet pour l'infographie. » Il occupera alors cette fonction pour la structure lyonnaise d'Infogrames. Pendant trois ans, le jeune ingénieur monte en compétences. Il participe au premier projet de Game Boy et a sous sa responsabilité une quarantaine de développeurs.

Mais, rapidement, Infogrames connaît des difficultés financières : l'entreprise affiche de fortes pertes et présente des difficultés à rembourser ses dettes. Des plans sociaux concernent les équipes françaises et notamment le studio de développement interne dans lequel travaille Romuald Capron. Bien que la direction européenne d'Infogrames lui propose d'autres postes, il préfère voler de ses propres ailes.

Le jeune homme décide ainsi, en 2003, de se lancer dans l'aventure entrepreneuriale avec d'autres développeurs seniors d'Infogrames. Fort de son expérience dans une industrie qui se développe tous azimuts, il crée son studio, Kawaii. « L'objectif de ce studio était de proposer un modèle économique différent de ce qui se faisait sur le marché du jeu vidéo, détaille-t-il. Des prototypes étaient développés en phase de préproduction avant de s'associer à un développeur plus gros pour la partie production. » Malheureusement, son entreprise finit par être absorbée par plus gros qu'elle, le lyonnais WideScreen Games qui a aujourd'hui également disparu.

Les employés comme seule richesse

Sa rencontre avec Raphaël Colantonio, un autre acteur du secteur des jeux vidéo à Lyon, fondateur d'Arkane Studios, l'engage dans de nouvelles responsabilités. « P-DG de l'entreprise mais également directeur créatif, Raphaël Colantonio souhaitait partir aux États-Unis pour y créer une filiale d'Arkane Studios, explique Romuald Capron. Il m'a donc confié la direction générale de l'entité lyonnaise. » Ils sont aujourd'hui dix développeurs aux États-Unis et le jeune Romuald Capron, qui a conservé son allure d'adolescent bon chic bon genre, manage une équipe de 45 personnes à Lyon.

La première chose que fait le directeur général quand il présente l'entreprise, c'est de faire visiter ses studios. L'open-space est studieux. Quelques signes toutefois d'un univers bien particulier : magazines de jeux vidéo sur la table d'accueil, figurines de personnages imaginaires et autres vaisseaux spatiaux trônent sur les bureaux d'un personnel quasi exclusivement masculin. Les cerveaux de ses collaborateurs et les machines qui créent des synopsis et des décors dignes de la science-fiction bouillonnent dans une atmosphère surchauffée. « Nous avons la possibilité d'accueillir jusqu'à 70 personnes dans nos locaux. Nous n'irons pas au-delà pour conserver une entreprise à taille humaine sans multiplier les niveaux de management, afin de rester souple dans nos modes de fonctionnement et nos circuits de décision tout en prenant les meilleurs profils. »

Aujourd'hui, Romuald Capron revendique sa responsabilité de gestionnaire pour faire vivre et croître Arkane Studios. Et pour cela, il garde en tête un postulat simple : « Il ne faut pas oublier que notre seule vraie richesse, c'est notre équipe. Nous ne possédons pas de brevets. Donc, si un jour, un éditeur souhaitait nous racheter, la base de négociation se ferait essentiellement sur la valeur de nos équipes. »

La question de la gestion des ressources humaines est ainsi devenue une problématique à part entière pour le dirigeant. Mode de recrutement, montée en compétences, perspectives d'évolution, fidélisation des collaborateurs : dans un univers où tout est à construire, Romuald Capron sait trouver des solutions en faveur de l'emploi.

Une école dédiée aux métiers du jeu vidéo

« Développeurs, infographistes, level designer ou même testeurs de jeu, chacun des métiers de l'industrie du jeu vidéo présente des caractéristiques techniques spécifiques mais ont tous un point commun : ils font appel, avant tout, à des passionnés. » Alors, pour dénicher ces talents et ces fondus des mondes virtuels, Romuald Capron ne s'interdit rien. « Le bouche-à-oreille est très important. Nous privilégions les profils expérimentés. Être passé chez un studio ou un grand éditeur est un point tout aussi essentiel dans un CV que les projets personnels développés par les candidats pour entrer chez Arkane Studios. » Romuald Capron fréquente aussi parfois les communautés de « modeurs ». « Les mods sont des jeux qui sont modifiés par les utilisateurs, explique-t-il. C'est une excellente école car ces utilisateurs présentent un bon potentiel pour devenir level designer ou développeur. Certains de nos collaborateurs ont été embauchés comme ça. Après leur avoir appris le métier, les process du jeu vidéo en interne, nous les avons formés à construire des niveaux de jeu dans un contexte professionnel. Ces autodidactes ont tout de suite été mis en production. »

La formation est ainsi la base dans cette industrie où les profils restent hybrides et difficiles à détecter. Pour pallier ce manque, Romuald Capron s'est engagé, aux côtés d'autres industriels lyonnais, dans la création de Gamagora, la première école qui forme aux métiers du jeu vidéo à Lyon. « Nous nous sommes posé une question simple : comment alimenter notre bassin de compétences ? Autre problématique commune à tous les professionnels : nous étions nombreux à recruter des juniors et passions tous par la même phase de formation préalable. Pourquoi, alors, ne pas disposer d'un outil permettant de mutualiser ces actions de formation ? » Le projet séduit l'université de Lyon en 2007, qui accepte que les industriels participent à la rédaction du cahier des charges pour bâtir des formations en adéquation avec les besoins du tissu économique local et qu'ils siègent au comité de pilotage de l'école. Romuald Capron a suivi le projet de près les deux premières années et fait aujourd'hui partie du jury qui évalue les projets professionnels des étudiants. Cette volonté d'être acteur de la filière et de transmettre un savoir a également fait tache d'huile chez ses collaborateurs. Quatre d'entre eux interviennent, au cours de l'année scolaire, pour dispenser des modules de formation à Gamagora.

Les projets de jeu

Former étant le postulat de départ pour le dirigeant, il considère aussi que la fidélisation de ses collaborateurs est source de développement pour son entreprise. « Arkane Studios est réputée pour être un acteur de référence sur le marché du jeu vidéo. Notre force vient de notre capacité à attirer des talents, encore faut-il les fidéliser quand la compétition est mondiale et se fait avec de grosses entreprises. » Des primes sur performance, en fonction des développements clés des niveaux de jeu, sont accordées en plus des traditionnels Tickets-Restaurants et autres remboursements de frais.

Mais c'est d'abord l'intérêt des projets proposés qu'Arkane Studios met en avant pour recruter des talents. « On se tient bien sûr au courant des rémunérations pratiquées dans les autres studios, ajoute Romuald Capron, mais ça ne suffit pas. On fait parfois venir des collaborateurs de l'étranger, il faut les accompagner dans leur déménagement et les formalités qui y sont liées. Mais ce qui prime pour un passionné de jeu vidéo, c'est le type de projet sur lequel on lui propose de travailler. »

En 2008, un projet d'envergure est planifié. The Crossing, un nouveau concept innovant de jeux multijoueurs en ligne, avait passé deux ans en préproduction chez Arkane Studios en mobilisant une équipe de 15 à 20 personnes. « Nous avions décidé de communiquer très tôt auprès du grand public sur ce projet. Un buzz très fort s'est créé autour de ce jeu, dans la communauté des joueurs et le milieu professionnel, se souvient le dirigeant. Cela nous a incités à continuer d'investir nos fonds. Mais au bout de deux ans de développement et d'efforts commerciaux, n'ayant toujours pas trouvé de partenaire pour financer ce jeu, nous avons préféré ranger ce projet dans nos cartons et repartir sur de nouvelles créations. » Les efforts commerciaux ont permis de décrocher deux nouveaux projets pour compenser cette perte. De quoi occuper les équipes de Romuald Capron jusqu'en 2011, au moins.

Pascal Chazal
Ossabois

Le n° 1 de la construction bois

La Finlande en camping-car

Imprégné dès l'enfance par l'odeur du bois, le jeune Pascal Chazal est loin de se douter que son destin le conduira à devenir, bien des années plus tard, le n° 1 français de la construction de maisons à ossature bois. Il faut dire que le début de son parcours, bien peu académique, ne laissait pas présager une telle ascension.

Rebuté par des études qu'il juge ennuyeuses, il n'a que 17 ans quand il quitte le lycée pour se lancer dans le monde du travail. « J'ai eu la chance de rencontrer des copains qui travaillaient dans le bâtiment et qui m'ont permis d'entrer dans le métier comme intérimaire », explique-t-il.

Sans formation, payé au Smic, le jeune homme trouve une solution pour gagner un peu plus d'argent. « Pour arrondir les fins de mois, on avait décidé avec mes compagnons de partir en déplacements. On s'était aménagé un camping-car avec un vieux camion "tube" Citroën. Plus on allait loin, plus on avait des primes et avec le camping-car, on limitait nos frais », se souvient Pascal Chazal.

C'est au cours d'un déplacement en Finlande que le jeune homme, alors âgé de 20 ans, tombe sous le charme des maisons en bois. « En rentrant en France, j'ai eu envie de construire ma propre maison en bois. Ma première femme était enceinte de mon premier fils, commente-t-il. J'ai commencé à chercher un terrain et, finalement, j'ai trouvé une vieille ferme que j'ai retapée entièrement. Je n'avais plus besoin de maison en bois, mais j'avais besoin d'un boulot. »

Passionné par la maison en bois, il nourrit l'ambition un peu folle d'importer le concept scandinave en France. Au cours d'un stage de trois jours sur la création d'entreprise organisé par la Chambre des Métiers et de l'Artisanat et l'IUT de Saint-Étienne, Pascal Chazal rencontre Jean-Pierre Dalon, un vrai professionnel du bois qui voulait s'installer à son compte. La rencontre entre les deux hommes ne tarde pas à se transformer en association. En 1981, Ossabois voit le jour.

Vingt ans de galère

Vingt-huit ans plus tard, cet autodidacte idéaliste, ce self-made man à la française, peut se targuer d'avoir réussi à convertir la France à la construction bois. « J'ai toujours eu la certitude que la maison en bois pouvait prendre des parts de marché, qu'un matériau noble, renouvelable, isolant et bon pour l'environnement ne pouvait que finir par s'imposer comme une évidence », confie Pascal Chazal.

Pourtant, le lancement d'Ossabois ne fut pas fulgurant. « J'ai connu vingt ans de galère avant de voir le marché exploser. Quand j'ai commencé, on passait pour les écolos de service. Il a fallu convaincre, apprendre à vendre, mais aussi à faire. Au début, j'ai même dû raconter des salades à mon banquier, aux clients, à tout le monde... J'ai dit que j'avais appris à construire des maisons en bois en Finlande. Si j'avais dit que j'avais simplement l'idée de copier les techniques des Finlandais, personne ne m'aurait suivi. Je n'avais pas de diplôme de charpentier, je n'étais ni ingénieur ni compagnon », argumente l'entrepreneur.

En 1993, Ossabois, confrontée à sa première crise immobilière, passe tout près de la liquidation judiciaire. Émile Julian, qui dirige alors un cabinet de conseil spécialisé dans la gestion et l'accompagnement d'entreprises, entre dans le capital d'Ossabois et devient l'associé du fondateur. « J'ai perdu le contrôle de ma société mais j'ai continué à faire avancer l'entreprise. Mon associé s'occupait des finances et de toute la partie administrative et juridique. Je me suis senti moins seul », précise Pascal Chazal.

En 1997, Ossabois s'ouvre au marché de l'habitat collectif : résidences de tourisme et logements sociaux. Un choix stratégique qui s'avère payant puisque l'entreprise voit son chiffre d'affaires progresser de manière significative au début des années 2000, avant d'enregistrer un pic de croissance de près de 100 % entre 2006 et 2007. Surfant sur la vague du développement durable et sur le Grenelle de l'environnement, l'entreprise atteint alors son apogée avec un chiffre d'affaires de 47 millions d'euros pour 180 salariés. Une croissance exponentielle qui lui vaut d'ailleurs d'être récompensée par la banque Palatine et La Tribune du prix national de l'ambition 2008.

La réussite de toute une équipe

Pour développer son entreprise, Pascal Chazal décide en décembre 2007 de reprendre le contrôle d'Ossabois. « Avec mon associé on était arrivé à un point où on ne se comprenait plus. Je sentais que le moment était venu de changer de braquet, que les nouvelles normes sur les bâtiments basse consommation et les bâtiments à énergie positive étaient une formidable opportunité pour la construction bois », justifie-t-il.

Conscient que la réussite d'Ossabois passerait inévitablement par plus de productivité pour « arriver à faire des maisons bois au prix du marché », le dirigeant décide de passer de l'artisanat à l'industrialisation en reprenant au mois de novembre 2007 l'ancienne usine Seb de la commune du Syndicat dans les Vosges. « On avait déjà notre outil industriel dans la Loire, mais je sentais que l'on pouvait faire beaucoup mieux. Et puis, je voulais attaquer un autre territoire. L'opportunité s'est présentée le 14 novembre. J'ai signé le protocole d'accord le 27. Les salariés de cette usine m'ont séduit. Je pensais que le monde industriel était sans pitié, qu'il n'y avait pas de place pour l'homme. C'est tout le contraire ! Pour faire face à la concurrence asiatique, ces gens-là ont dû s'engager dans un processus d'amélioration continue avec des méthodes qui placent l'homme au cœur du système de production. Ils ne connaissaient rien au bois et, pourtant, après les avoir formés, ils ont réussi en quelques mois à faire aussi bien que nous et à produire trois maisons par jour. On a beaucoup à apprendre de ces gens-là. »

En découvrant, au contact des anciens salariés de Seb, le kanban, le kaisen, le lean-manufacturing et autres méthodes japonaises, ce stakhanoviste dans l'âme, adepte du management participatif, a été conforté dans l'idée toute simple que la réussite d'une entreprise est celle de toute une équipe.

Aller plus loin dans la préfabrication de maisons

Malgré la crise et le recul attendu de son chiffre d'affaires, le dirigeant nourrit toujours l'ambition de reprendre 130 anciens salariés de Seb sous trois ans sur son site vosgien et d'en ouvrir un troisième en Aquitaine. « Cela devrait intervenir sous deux à trois ans. On souhaite construire une usine de toutes pièces en employant de la main-d'œuvre locale industrielle. On pourrait par exemple reprendre du personnel du secteur automobile qui est aujourd'hui sinistré », dévoile-t-il.

Autre projet, et non des moindres, Pascal Chazal a décidé de se diversifier en se lançant dans la fabrication de salles de bains en bois pour « aller plus loin dans la préfabrication des maisons ». Après avoir reconverti une ancienne usine de couteaux du Puy-de-Dôme, le P-DG d'Ossabois projette d'ouvrir une usine de salles de bains dans les Vosges. « Notre projet d'usine en Aquitaine comprendra également une unité de fabrication dédiée à la salle de bains. C'est un concept innovant qui n'existe nulle part ailleurs », précise-t-il.

Dernier projet d'envergure, l'engagé Pascal Chazal s'est mis en tête de participer au développement de la filière bois locale. Président du pôle bois du Haut-Forez, il milite pour inciter les entreprises ligériennes à préférer le bois local au bois scandinave ou allemand. Un principe qu'il applique évidemment à son entreprise. « Jusqu'ici, on utilisait 75 à 80 % de bois provenant d'Allemagne ou des pays scandinaves. Aujourd'hui, on commence à utiliser du bois de Noirétable, même si cela nous coûte un peu plus cher. L'objectif est d'arriver rapidement à 50 % de bois local, voir 80 %, confie Pascal Chazal. En procédant ainsi, on réduit l'impact environnemental lié au transport, on contribue à structurer une véritable industrie du bois dans notre département et on génère des emplois directs et indirects. »

Frédéric Coirier
Cheminées Poujoulat

Le challenge d'un fils

Basée près de Niort en Poitou-Charentes, l'entreprise Cheminées Poujoulat, qui fabrique des systèmes complets d'évacuation de fumées issues d'appareils de chauffage (cheminée, poêle, chaudière...), est aujourd'hui le leader européen du secteur avec 15 % de part de marché. Elle traverse les turbulences économiques actuelles sans trop souffrir.

Tel père, tel fils

En 1975, Yves Coirier, alors responsable d'une société de conseil, fait l'acquisition de cette affaire qui périclite. Il se lance le défi de la redresser. Un pari réussi à force de conviction, de dynamisme et de créativité.

Trente ans plus tard, c'est à son fils, Frédéric Coirier, de travailler au développement des Cheminées Poujoulat. Après l'obtention du diplôme de l'EPSCI, d'une maîtrise de gestion à l'université de Dortmund et une expérience aux États-Unis – où il est en charge de promouvoir les PME industrielles françaises –, il intègre l'entreprise familiale en 1999 en tant que chargé de nouveaux projets, un poste riche en enseignements. « À ce poste, je me suis trouvé en prise directe avec les choix stratégiques, les dernières technologies et les investissements du groupe. » Une immersion formatrice avant l'ascension. Fin 2002, le jeune homme accède au poste de directeur général délégué puis prend la présidence du directoire quatre ans après.

Aujourd'hui, les Cheminées Poujoulat sont implantées dans 7 pays (la France, la Belgique, l'Angleterre, les Pays-Bas, la Pologne, la Turquie et l'Allemagne) et ont acquis ou créé une douzaine de filiales qui permettent au groupe d'être compétent dans des activités variées.

Membre du groupe depuis 1994, la Tôlerie forézienne lui a ainsi apporté son savoir-faire en termes de découpe, pliage et assemblage de tôles, tandis que Westaflex, intégrée deux ans plus tard, offrait des compétences dans les domaines des conduits flexibles de chauffage et de ventilation. En 2001, le groupe acquiert Beirens. Avec plus de 130 salariés et 15 millions d'euros de chiffre d'affaires, cette société est aujourd'hui leader sur le marché des cheminées industrielles pour le chauffage collectif, le process industriel et la production électrique d'origine thermique. Et ces dernières années, les Cheminées Poujoulat se sont enfin lancées dans le bois énergie via la création d'Euro Énergies.

Afin d'assurer une cohésion entre ces filiales, Frédéric Coirier insiste sur l'importance de l'information interne : « Outre la présence des équipes de direction au sein même des sociétés, de multiples outils assurent une communication de proximité. Grâce à ce décryptage régulier, nos collaborateurs saisissent mieux les évolutions du groupe, l'environnement économique et les raisons qui poussent à telle ou telle prise de décision. »

Une politique de diversification et de communication porteuse. En mars 2008, père et fils ont reçu le prix spécial de l'Entreprise Patrimoniale et Familiale décerné, au nom de l'ASMEP (Association des Moyennes Entreprises Patrimoniales), par Yvon Gattaz. Cette distinction récompense les établissements ayant su croître sur la durée par la mise en place d'une stratégie cohérente et pérenne.

La constance et l'innovation sociale face à la crise

En 2009, l'entreprise des Deux-Sèvres a réalisé un chiffre d'affaires avoisinant les 140 millions d'euros, soit un résultat légèrement supérieur à celui de 2008. « La crise n'a cependant pas été sans impact, concède Frédéric Coirier. Elle a touché certains de nos marchés, notamment la construction neuve, très dépendante des crédits immobiliers, mais d'autres, comme le bois énergie, se sont bien comportés. Sur le volet export, nous avons connu aussi de bons développements en Europe occidentale.

« Pour contrer les effets de la crise, j'ai privilégié la stabilité et l'innovation, plutôt que le repli sur soi : j'étais persuadé qu'il fallait continuer à investir et à proposer à nos clients une gamme de services, une réactivité et un accompagnement intacts. »

Une stabilité qui s'applique aussi aux employés. « Quand la crise s'est présentée, je voulais éviter à tout prix le recours au chômage. Plutôt que d'avoir à gérer ce type de mesures difficiles, j'ai choisi d'explorer d'autres voies. » Ainsi, via un accord d'annualisation, les horaires des salariés s'ajustent quand le groupe connaît une période de sous-activité. À l'inverse, « quand l'entreprise réalise de bonnes performances, une partie de la rémunération évolue en fonction de ces résultats ».

Les Cheminées Poujoulat n'ont pour autant pas cessé d'embaucher. « Même si nous avons, c'est vrai, moins recruté que certaines années, nous avons créé une vingtaine de postes sur des métiers techniques ou en appui de nos forces de vente. » Résultat : sur une décennie, l'effectif total du groupe a quasiment triplé, passant de 400 à 1 100 collaborateurs.

Jouant l'anticipation, l'entreprise niortaise met en outre l'accent sur les formations : en 2008, 3 % de la masse salariale en a profité. « Ce temps investi permet que tous, s'inscrivant dans une spirale d'amélioration continue, aient accès à davantage de responsabilités. Je privilégie pour ma part le management par l'objectif, qui incite les collaborateurs à prendre des initiatives et à gérer par eux-mêmes leurs résultats. »

Un dirigeant engagé

Homme de terrain, Frédéric Coirier est également acteur de réseaux. Administrateur du syndicat des ASMEP-ETI, le dirigeant s'emploie à défendre les intérêts des Entreprises de Taille Intermédiaire. « Dotées d'une existence légale depuis 2008, ces entreprises sont promues par notre syndicat pour qu'elles trouvent davantage de place dans le paysage économique, commente-t-il. Les développer, c'est contribuer à préserver l'appareil productif français et à attirer les talents dans les zones désertées. D'où l'importance de faire bouger les lignes. »

Un engagement qu'il confirme dans l'univers du développement durable. Membre du conseil d'administration du Syndicat des Énergies Renouvelables, Frédéric Coirier se mobilise dans ce cadre comme au sein des Cheminées Poujoulat. Certifié ISO 14 001 en 2004 pour la mise en place d'une démarche environnementale sur son site niortais, le groupe a créé Euro Énergies, une filiale spécialisée dans la commercialisation de granulés et de bûches de bois densifié à hautes performances énergétiques. Des combustibles destinés à l'alimentation d'appareils de chauffage au bois tels que chaudières, poêles, inserts etc.

Sur fond de Grenelle de l'environnement, le marché est porteur. Fraction biodégradable des déchets issus de l'agriculture, de la sylviculture et d'autres activités humaines, la biomasse constitue aujourd'hui la première source d'énergie renouvelable dans l'Hexagone. Et la filière de fabrication, de commercialisation et d'installation des appareils de chauffage au bois, employant environ 14 000 personnes, est elle-même amenée à prendre un poids grandissant. Selon les objectifs du Grenelle, 9 millions de logements devraient être équipés en 2020 contre 6 millions aujourd'hui. En participant à l'essor de la biomasse en France, Frédéric Coirier apporte une pierre de plus à l'édifice du développement durable.

Philippe Comte et Emmanuel Saulou
Restoria

Une certaine philosophie de la cuisine et du management

La crise économique actuelle a peu de prise sur Restoria, une société de restauration collective basée à Saint-Barthélémy-d'Anjou, dans le Maine-et-Loire. En 2009, elle enregistre une nouvelle progression à deux chiffres (+ 13 %) et atteint les 22,5 millions d'euros de chiffre d'affaires. Ses effectifs, multipliés par 3,5 en dix ans, continuent de croître : elle compte aujourd'hui 400 salariés.

La recette du succès ? Des besoins primaires à satisfaire et une diversification de l'activité sur trois marchés : l'enseignement (crèches, écoles, enseignement supérieur…), la santé et le médico-social (résidences pour personnes âgées, foyers, cliniques, maisons d'accueil spécialisées…) et les entreprises et administrations. Mais pas seulement. La réussite de cette entreprise repose aussi sur un habile dosage entre projets innovants et respect des valeurs transmises par ses fondateurs.

De la charcuterie artisanale à la livraison de repas aux entreprises

Restoria est avant tout une entreprise familiale et patrimoniale dont les origines remontent à la fin des années 1960, alors que les premiers hypermarchés déferlent sur les villes. La révolution de la grande distribution est en marche et inquiète les petits commerçants. Yves Comte et Jean Saulou, deux des 80 artisans charcutiers angevins de l'époque et pères des actuels dirigeants de Restoria, décident de se lancer dans un nouveau métier : la livraison de repas aux entreprises. L'idée est audacieuse et le succès immédiat. En 1970, ils vendent leurs deux boutiques et s'associent pour fonder l'entreprise de restauration collective Restauréco, qui deviendra plus tard Restoria.

L'innovation apparaît dès 1973 avec l'ouverture de la première grande cuisine privée française à fonctionner en liaison froide, dont le principe consiste à abaisser rapidement la température des plats immédiatement après leur fabrication, puis de les réchauffer juste avant leur consommation. Aujourd'hui, ces deux établissements, basés dans le Maine-et-Loire et en Vendée, bénéficient d'installations à la pointe en matière d'organisation, de gestion des flux et de conception des locaux. La nouvelle cuisine de Bournezeau, qui a ouvert ses portes en 2008 et qui a permis la création d'une cinquantaine d'emplois, apporte notamment des innovations majeures en terme de limitation de l'impact environnemental avec la mise en place d'un système de production de froid par eau glycolée permettant de réduire de 66 % le recours aux gaz à effet de serre, ou encore l'installation de 120 m² de panneaux photovoltaïques.

Des plats faits maison

Emmanuel Saulou et Philippe Comte ont repris la société en 2001. « Nos pères nous l'ont confiée, nous l'accompagnerons le plus longtemps possible et nous aimerions la transmettre à notre tour à une nouvelle génération. » Cet attachement, les deux dirigeants l'ont inscrit comme signature sur le logo de leur entreprise : « Cuisiner, une belle histoire de familles ». Et Restoria parvient, malgré sa réussite éclatante, à conserver son identité familiale et son ancrage local.

« Nous continuons de proposer des plats faits maison, notre cœur de métier », souligne Emmanuel Saulou. Dans chacune de ses deux grandes cuisines, Restoria dispose en effet d'une légumerie, d'une boucherie-charcuterie, d'une poissonnerie et d'une pâtisserie, où elle confectionne elle-même, suivant les recettes traditionnelles, ses tartes, saucisses, rillettes, pâtés, potages, purées, pâtisseries sucrées et salées…

La philosophie culinaire de Restoria implique de faire appel à de véritables professionnels. Mais il s'agit également pour l'entreprise de faire le choix d'une stratégie d'embauche. En témoigne la série de photos affichées au mur dans le bureau d'Emmanuel Saulou : des clichés de la grande famille des chefs cuisiniers qui s'étoffe année après année et que le dirigeant montre avec fierté à ses visiteurs.

Les conditions de travail et le dialogue social : des enjeux essentiels

La question de la motivation des salariés et de leur qualité de vie au travail est, pour Philippe Comte et Emmanuel Saulou, un élément essentiel du développement et de la réussite de Restoria. « Il nous semble évident de mettre en place les meilleures conditions de travail pour nos collaborateurs. Il s'agit d'un simple retour des choses et d'une nécessité si nous voulons fidéliser notre personnel et maintenir notre savoir-faire. » Des conditions de travail auxquelles les deux dirigeants ont été très attentifs dans la conception de leur nouvelle cuisine vendéenne. L'établissement offre à ses salariés « des locaux clairs, un maximum d'éclairage naturel, avec une grande verrière centrale et énormément de fenêtres, des vestiaires agréables, un restaurant d'entreprise doté d'une grande terrasse, une pergola, trois jardins aromatiques... », détaille Emmanuel Saulou.

Le dialogue social fait aussi partie des valeurs fortes de l'entreprise, qui a mis en place un contrat d'intéressement et de participation depuis les années 1970. Gestion prévisionnelle des emplois et des compétences, procédure d'accueil et d'intégration dans l'entreprise, rendez-vous annuel de fin d'année pour une présentation en toute transparence de l'évolution et des résultats de la société : ces initiatives sont inscrites dans la culture Restoria. De même l'accompagnement des salariés dans leurs projets personnels, que ce soit pour créer une entreprise, grâce à l'essaimage, ou encore dans leurs engagements auprès d'œuvres caritatives. Restoria a par exemple chaperonné une de ses salariées engagée dans un projet humanitaire à Madagascar avec Restaurants sans frontières.

Diversité, handicap : de vrais objectifs de management

Chaque nouveau collaborateur qui intègre l'entreprise se voit remettre un livret lui précisant les engagements de Restoria, notamment en faveur de la diversité. Engagement qui s'est traduit par la signature en avril 2008 de la Charte de la diversité, un texte par lequel la

PME s'engage à lutter contre toute forme de discrimination dans le domaine de l'emploi. « Nous sommes fiers de faire partie des premières entreprises qui l'ont signée et qui l'appliquent », explique Emmanuel Saulou.

L'intérêt spécifique porté à l'emploi de personnes handicapées fait également partie des orientations de Restoria. « Dès 1968, la charcuterie tenue par mon père employait une personne handicapée », se souvient Philippe Comte. Aujourd'hui, Restoria multiplie par deux ses obligations légales. « L'emploi des travailleurs handicapés est réellement entré dans nos méthodes de recrutement. Que ce soit en cuisine, au service en salle ou au siège, le handicap peut être intégré sans difficulté à n'importe quel poste de l'entreprise. Il s'agit simplement d'une question de volonté », insiste Emmanuel Saulou.

Alain Cordier
Barisien

Au service de l'environnement

En 1995, Alain Cordier s'installe en Lorraine, à Briey. On lui confie alors la direction de Barisien, une petite société locale de collecte des ordures ménagères qui compte une vingtaine de salariés. En quinze ans, il en fait un groupe industriel de 400 personnes qui se spécialise dans le traitement des déchets, un marché en plein essor.

La passion de l'environnement

« Peut-être parce que mes grands-parents maternels et paternels étaient agriculteurs, j'ai toujours eu une passion pour l'environnement et l'aménagement des paysages. Il y a longtemps, j'ai suivi le massacre de la vallée de la Seine, entre Paris et Rouen. Sans parler de l'urbanisation verticale des années 1960-1970. Aujourd'hui, on en subit les conséquences. »

Cette passion de l'environnement, Alain Cordier la met au service de sa carrière professionnelle. D'abord en région parisienne, de 1984 à 1995, puis sur la terre lorraine. « J'ai repris Barisien à une époque où se produisait une véritable révolution dans le domaine du traitement des déchets. » Une révolution liée à l'arrivée des premières lois sur l'environnement, notamment celle qui prévoyait la disparition des décharges au plus tard le 31 juillet 2002. « Cela nous a permis de nous développer, notamment en rachetant d'autres entités : en 1999, Best en Moselle, spécialisée dans la collecte de déchets industriels ; en 2004, Recyclem dans le Nord, qui reçoit tous les ans 450 000 tonnes de déchets ; en 2005, Lotrapes dans la Meuse, spécialisée dans la collecte des déchets ménagers ; en 2006, C.E.S. en Alsace, qui collecte, trie et valorise des déchets industriels. » Ainsi, en quinze ans, l'entreprise passe de 27 à environ 400 salariés.

« Depuis le début de la crise, il y a moins de production des ménages et des industriels. Et nous subissons la baisse du coût des matières premières. » En effet, en période de crise, entreprises et ménages investissent moins, se bornant souvent aux achats nécessaires. D'où une baisse du volume des déchets réceptionnés. De plus, la baisse du coût des matières premières joue sur le prix de revente des déchets revalorisés.

Dans cette conjoncture morose, les services des relations humaines sont mobilisés. « Nous sommes plus prudents dans nos pratiques d'embauche. Nous faisons tout pour préserver l'emploi tout en élargissant les compétences du personnel. Nous avons limité l'intérim au profit de CDD. Cela nous permet de faire des économies sur la masse salariale mais pas sur le nombre de salariés. » Une gestion prévisionnelle des emplois et compétences a même été mise en œuvre en septembre 2009. « Grâce à cette GPEC, nous avons une analyse précise de chaque poste. Ce qui nous permet de mieux former nos salariés et de leur permettre de bénéficier de promotions internes. »

De vraies unités industrielles dédiées aux déchets

« En novembre 2006, nous avons gagné l'appel d'offres du Syndicat mixte de traitement des ordures ménagères de Villerupt et avons donc créé un nouveau centre de traitement multifilières à Villers-la-Montagne, après une longue période de préparation des dossiers pour obtenir les autorisations préfectorales nécessaires pour intervenir sur ce site. » Ce centre sera opérationnel en juillet 2010. Il se compose d'un point de recyclage des ordures ménagères brutes, d'un centre de tri des emballages classiques (qui devrait traiter 1 000 tonnes par an d'une déchetterie intercommunale et d'une unité de valorisation des déchets ménagers encombrants).

« Nous apportons entre 4 et 5 millions d'euros sur les 20 millions du marché que nous avons obtenu. » Cette somme émane de fonds propres et d'un emprunt. Quant au contrat liant Barisien et le Syndicat mixte, il est conclu pour quinze ans et devrait rapporter 5 millions d'euros par an, soit 75 millions d'euros au total. « Cela nous a aussi permis de faire travailler des entreprises locales en sous-traitance, comme des métalliers, car nous avons utilisé environ 1 500 tonnes de ferraille. » De quoi ouvrir à ces entreprises une porte de reconversion dans le domaine de l'environnement.

Ce centre multifilières, dont Alain Cordier est fier de souligner qu'il en est « le concepteur, le constructeur et l'exploitant », a permis la création de 27 postes. « Et c'est là que se joue la promotion interne au groupe. Le chef de site, par exemple, est recruté dans nos rangs. Cela veut dire qu'il faudra le remplacer sur son ancien poste. Au total, cela se traduira forcément par plusieurs embauches. »

Et cela ne devrait pas s'arrêter là. Le nouveau centre est construit dans un secteur qui devrait voir sa population augmenter dans les années à venir, notamment grâce à un ambitieux projet luxembourgeois à quelques kilomètres de là : la création d'un nouveau quartier à Esch-sur-Alzette alliant lieux résidentiels et espaces destinés aux entreprises. « Si la population augmente, les déchets aussi... Je pense que nous avons un réel potentiel de développement sur ce site. »

Vers l'automatisation du tri

Le tri des emballages est en train de s'automatiser. Les trieurs doivent donc penser à une reconversion. Heureusement, le marché semble apporter des perspectives nouvelles. « Depuis 2008, nous sommes entrés dans l'ère de la revalorisation secondaire, commente Alain Cordier. Nous avons connu une belle envolée en 2002-2003, à la suite de la hausse du prix du pétrole et au développement des pays asiatiques. Ensuite, en 2006, la demande en papier a augmenté. Et c'est pareil pour le métal. »

Une nouvelle évolution est en marche : « Il y a cinq, six ans, les emballages plastiques ne valaient rien. Ils ont désormais un coût, et il devient donc intéressant de les recycler. On peut légitimement penser qu'il va y avoir d'autres produits à recycler. L'emploi peut progresser plus vite que prévu. En tout cas, il ne baissera pas. » Le groupe Barisien évolue aujourd'hui de plus en plus vers le recyclage, car la collecte des déchets connaît également de vrais changements. « Les collectivités prennent de plus en plus cette activité à leur charge, soit en la réalisant elles-mêmes, soit en sous-traitant avec des sociétés privées. Mais nous sommes toujours là pour assurer le recyclage en fin de collecte. »

La valorisation représente dorénavant 50 % de l'activité du groupe. « Et cela va encore augmenter, car il y aura d'autres produits à recycler dans l'avenir. C'est pourquoi nous accordons une place essentielle à la recherche. Et c'est aussi une des raisons qui, en 2008, nous a amenés à renforcer notre équipe commerciale. Pour faire comprendre à nos clients la nécessité de recycler et les nouvelles opportunités du recyclage. » Des opportunités renforcées par le Grenelle de l'environnement : « On peut penser que les déchets enfouis seront davantage taxés à l'avenir. En Belgique, par exemple, on parle d'une taxe de 50 euros par tonne de déchets enterrés. Recycler coûtera donc moins cher et générera de l'emploi. »

Pour être en mesure de répondre aux futures demandes, encore faut-il être au niveau technologiquement. « Nous avons un ingénieur agroalimentaire qui est en charge de la R&D. Car les entreprises compétitives aujourd'hui sont celles qui ont su investir à temps dans l'innovation. C'est aussi pour cela que nous consacrons 4 % de la masse salariale à la formation. Il nous faut déjà former nos salariés aux différentes mutations, avant même d'embaucher. Dès que la crise sera finie, nos recrutements reprendront. »

La Silicon Valley du déchet

Cette démarche de formation, de réponse aux besoins de qualifications nouvelles, Alain Cordier la mène en partenariat avec des établissements d'enseignement, notamment avec l'IUT de Longwy, qui a mis en place à la rentrée 2009-2010 une licence Développement durable. « Je suis président de l'Institut universitaire depuis 2007, année où l'établissement m'a sollicité pour la création de ce diplôme. En Lorraine, ceux qui le désirent peuvent également s'inscrire à Metz. Cela signifie que nous aurons bientôt des techniciens qualifiés dans notre région. C'est important pour nos métiers, qui gagnent en noblesse. Il faut arrêter d'avoir honte de nos déchets alors qu'ils sont recyclables et créateurs d'emplois. »

D'autre part, Alain Cordier contribue à fédérer les entreprises de Meurthe-et-Moselle et de Moselle spécialisées dans l'environnement. Depuis 2007, une vingtaine d'entre elles font partie d'un groupement baptisé sans complexe « Eden Green Valley ». Grâce à l'effet de groupe, Eden Green Valley peut répondre à des appels d'offres qui nécessitent la compétence de plusieurs de ses adhérents. « Il s'agit de chantiers que nous ne pourrions prendre seuls. C'est aussi une façon de lutter pour l'emploi. Car ces chantiers nous permettent de faire travailler nos salariés, mais aussi d'embaucher. Nous espérons également qu'à terme, de nouvelles entreprises se créent. » Et face aux nombreux chantiers de dépollution que présente la région, le cluster compte de beaux jours devant lui. « Nous travaillons notamment sur la reconversion du site de l'équipementier automobile Faurecia, à Pierrepont, qui doit fermer courant 2010. Nous réfléchissons à des projets dans le domaine du bois et de l'énergie. »

Toutes ces perspectives sont encourageantes pour Alain Cordier. « Beaucoup de choses changent. L'environnement et le développement durable sont devenus une préoccupation quotidienne. Les usagers sont de plus en plus sensibles au bon traitement des ordures ménagères et industrielles. Il y aura donc plus de déchets à valoriser. Ce qui signifie davantage de travail pour nous et, assurément, des embauches, avec des qualifications nouvelles qui sont en train d'émerger. »

Olivier Desurmont
Sinéo

Le bac+6 qui recrute dans la rue

L'entretien de sa voiture n'a jamais été son fort. Olivier Desurmont, 33 ans, ne s'en cache pas. Paradoxalement, il a fait du lavage auto son cœur de métier. Désormais, sa voiture est toujours impeccable. Aujourd'hui à la tête de Sinéo, il révolutionne le lavage automobile grâce à une technique de nettoyage à la main sans supplément d'eau. Depuis la création de son entreprise en 2004, à Lille, l'entrepreneur nordiste se targue d'avoir économisé plus de trente millions de litres d'eau.

Les conséquences de la canicule

L'idée de Sinéo naît dans l'esprit d'Olivier Desurmont alors qu'il travaille, depuis trois ans, chez Suez en tant que chef de projet informatique. Après la canicule de l'été 2003, les économies d'eau sont sur toutes les lèvres. Curieux, Olivier Desurmont se demande quelle solution proposer. Dans les parkings souterrains de la capitale, le jeune homme découvre les premiers lavages auto sans eau. « La qualité laissait à désirer, avec des produits toxiques et des lingettes jetables », se souvient-il.

Prêt à créer sa propre entreprise pourvu que le projet ait du sens, Olivier Desurmont se lance. Son leitmotiv : « Transformer une contrainte en opportunité. » À 27 ans, doté d'un bac+6 (maîtrise d'économie-gestion suivie d'un master en gestion et management de projets à l'ESC Lille), il démissionne et quitte le confort d'une vie bien établie pour entreprendre, sûr que son concept a de l'avenir. « Je gagnais dix fois moins ma vie, je n'avais pas un rond, mais j'étais heureux », s'exclame-t-il. Avec 7 000 euros en poche, il achète une camionnette, remise son costume-cravate au placard et enfile un bleu de travail qu'il ne quittera pas durant plus d'un an. Cette expérience de terrain est aujourd'hui une force vis-à-vis de ses employés.

Installé à Lille, il lavait régulièrement, sans le savoir, la voiture d'Emmanuel Gras, fondateur de la compagnie d'assurances Gras-Savoye. Un jour, celui-ci se présente et invite Olivier Desurmont à déjeuner. À leur table, un autre convive, Éric Derville, fondateur de Norauto, qui deviendra un actionnaire majeur de Sinéo.

Le lavage de voitures, un tremplin vers l'emploi

Pour cet ancien champion de France de water-polo, il y a de nombreux points communs entre le sport et le management : la culture de l'effort, la rigueur, mais aussi la patience et la persévérance. Et il met les mêmes convictions en pratique dans le sport – il entraîne encore des jeunes d'une ZUP de la banlieue lilloise – et dans son entreprise. Il a bâti celle-ci sur trois piliers : l'environnement, le social et l'innovation.

Son engagement pour l'environnement s'est traduit par le lavage à la main des voitures et la mise au point de ses propres produits certifiés Éco-Label européen. Des produits à base d'agrumes et d'huiles essentielles appliqués à la lingette, elle-même en microfibre recyclable.

Au diable les rouleaux et autres automates destructeurs d'emplois ! Sinéo recrute. Beaucoup. Ils étaient 80 salariés en janvier 2008. Ils sont 350 fin 2009, répartis dans 40 centres de lavage dont 12 succursales. Le cap des 500 emplois doit être franchi en 2010 pour 13 à 14 millions d'euros de chiffre d'affaires. Entre 2008 et 2009, l'activité mensuelle moyenne a bondi de 150 000 à 900 000 euros.

Plus de 70 % des salariés de Sinéo sont en parcours d'insertion

Le social, c'est une valeur forte de Sinéo. « Avec le lavage de voitures, je peux embaucher tous les profils », se dit Olivier Desurmont. Chômeurs, ex-taulards, handicapés, SDF, RMIstes, jeunes désœuvrés, il privilégie l'embauche de personnes très éloignées de l'emploi pour leur donner une chance de se réinsérer dans la société. Régulièrement, il lui arrive de discuter avec tel ou tel clochard à qui il propose un emploi. Plus de 70 % des salariés de Sinéo sont ainsi en parcours d'insertion.

À ses yeux, laver des voitures doit être un tremplin, un passage de deux années maximum, au cœur d'un projet professionnel. « Implique-toi dans l'entreprise et l'entreprise fera tout pour toi » : c'est la philosophie d'Olivier Desurmont, fier d'avoir permis à certains de ses salariés de devenir ébénistes, plombiers, gendarmes etc.

Pour l'aider dans sa tâche, il s'adjoint les services de sa mère, Martine, embauchée comme « encadrante sociale », un poste que l'on retrouve rarement dans une entreprise. Chaque centre Sinéo en dispose aujourd'hui. L'encadrant social s'occupe des problèmes de logement, de surendettement, de permis de conduire... « Notre rôle, ce n'est pas de faire les démarches à la place des professionnels dont c'est la mission, mais d'orienter nos salariés vers le bon interlocuteur », explique Olivier Desurmont. Sa plus belle satisfaction est de faire cohabiter tous ces profils, ces personnalités, ces parcours. « On peut faire du business et le faire proprement. Ce que nous rendent les salariés, c'est souvent humainement plus fort que la finalité économique. » Il est conscient qu'il dépasse souvent son rôle strict de P-DG mais à ses yeux, « c'est le rôle de l'employeur de participer à l'épanouissement social de ses salariés ».

Il préfère l'actionnariat familial aux fonds de pension

Sinéo rime avec succès. Les candidats à la franchise affluent du monde entier. Depuis sa création en 2004, la société lilloise a reçu près de 3 000 demandes de franchise et une centaine de propositions d'entrée au capital. Olivier Desurmont, qui est resté le même homme simple et convivial, a toujours écarté cette manne financière. « Quand on me propose des millions pour racheter mon entreprise, c'est comme si on m'offrait de gagner au loto, c'est tentant mais j'ai toujours refusé », explique-t-il, préférant l'actionnariat familial aux fonds de pension.

Face au sureffectif provoqué par la crise, il réfléchit à l'émergence de nouveaux métiers

Ce n'est pas la crise économique qui allait freiner ce tempérament de battant. Olivier Desurmont constate deux phénomènes liés à la conjoncture : les demandes d'emploi augmentent sensiblement et les demandeurs sont plus agressifs dans leurs démarches. Il ne peut embaucher tout le monde mais, en homme de terrain, il continue à recruter dans la rue.

Pendant cette période plus tendue, Sinéo a maintenu son rythme de développement en France mais freiné son déploiement à l'étranger. « Nous avons opté pour une concentration sur un marché que nous maîtrisons beaucoup mieux. »

Les débouchés se révèlent « plus difficiles à trouver » pour ses salariés. Pugnace, Olivier Desurmont a trouvé la parade : « Nous travaillons désormais en direct avec des entreprises qui connaissent des difficultés de recrutement pour des premiers niveaux de qualification. Nous créons donc sur mesure un parcours professionnalisant qui emmène nos salariés vers ces entreprises. » La crise génère également un sureffectif dans certains centres Sinéo. Olivier Desurmont positive en redéployant ses forces vives : « Nous avons opté pour une mobilité temporaire en interne. » Ses salariés du Havre, très liés à l'automobile, ont par exemple prêté main-forte à d'autres équipes débordées à Amiens. Le réseau de franchises et de succursales joue son rôle.

Olivier Desurmont profite surtout de cette période pour structurer davantage son entreprise et son modèle économique. Il a recruté en interne un cadre pour gérer toute la partie financement public, à la recherche de prêts et de subventions pour passer ce cap difficile. « Nous en avons aussi profité pour retravailler notre processus de recrutement de franchisés », ajoute-t-il. Ses produits, vendus depuis peu au grand public à travers la grande distribution et le Web, ont aussi bénéficié d'un lifting marketing. Nouveau packaging, nouvelle cible féminine, nouveaux débouchés... Les idées ne manquent pas. Le sureffectif lui permet aussi de réfléchir à l'émergence de nouveaux métiers. Un laveur de voitures peut exécuter d'autres tâches. Sinéo prend le virage de la cosmétique intérieure, du débosselage de véhicules, de la rénovation de carrosseries... C'est dans ce sens qu'Olivier Desurmont a ouvert, en 2008, son école de formation dans la métropole lilloise.

Thierry Fauvet
NRJ Bio

De l'aéronaval aux toitures solaires

Créée en 2006, NRJ Bio, une entreprise de conception et d'installation de toits solaires, réalise trois ans plus tard 5 millions d'euros de chiffre d'affaires et emploie déjà 25 personnes. Et l'entreprise devrait en compter trois fois plus fin 2010.

Ce développement capitalise sur le boom des énergies renouvelables mais s'explique aussi par le modèle économique choisi par Thierry Fauvet. Pour garantir la qualité de sa prestation, NRJ Bio a intégré les différents corps de métier concernés : couvreurs, charpentiers, électriciens, conducteurs de travaux, ingénieurs structures. Sans compter le bureau d'études, qui compte deux ingénieurs.

Vivre et travailler au pays

Originaire de la région parisienne, Thierry Fauvet quitte l'école à 15 ans pour s'engager dans la Marine. Il s'inscrit à l'école des mousses, à Brest. C'est là que des instructeurs lui redonnent le goût de l'étude, de l'apprentissage. Il devient électronicien, puis personnel navigant dans l'aéronautique navale. Quand il quitte la Marine et la base de Lann-Bihoué à Lorient en 1991, à 32 ans, il comptabilise quatre mille heures de vol en mission opérationnelle. Il crée alors sa première entreprise d'électronique embarquée, ERTF, à Ploemeur, dans la rade de Lorient. Hors de question pour lui de quitter ce pays dont il est tombé amoureux, alors même que son entreprise ne réalise aucun chiffre d'affaires en Bretagne. « Je pêche à Fort-Bloqué, je ne pouvais pas déplacer les poissons, s'amuse-t-il. Je sais que c'est un choix antiéconomique, mais je préfère perdre en rentabilité pour gagner en qualité de vie. »

ERTF devient le fournisseur exclusif des systèmes de navigation GPS des rallyes et courses de voitures. Ses clients sont en Australie, au Maroc, au Sénégal, en Corse... Pour chaque rencontre avec un client, il faut inclure dans les frais les premiers déplacements de Lorient vers Paris. Ce qui n'a pas empêché ERTF de devenir leader mondial sur son marché. En 2005, quand Thierry Fauvet décide de s'engager dans une autre aventure, ERTF compte 15 salariés. Plutôt que de la céder à des conditions plus intéressantes à un groupe anglais, il choisit un repreneur individuel qui veut s'impliquer personnellement dans l'entreprise. « J'ai conclu un accord avec ce nouveau dirigeant pour garantir la pérennité de l'entreprise durant au moins deux ans dans le pays de Lorient. » Cinq ans plus tard, ERTF est toujours installée à Ploemeur et poursuit son développement.

Aujourd'hui, avec NRJ Bio, Thierry Fauvet poursuit son engagement en faveur du développement local. « Si mon raisonnement avait été purement économique, j'aurais installé l'entreprise à Paris ou en Angleterre, où sont la plupart de nos concurrents. Mais si tout le monde raisonne comme ça, les provinces vont devenir de grands Clubs Med », se désole-t-il.

Manager moins pour obtenir plus

Thierry Fauvet gère lui-même l'ensemble des recrutements pour toutes ses agences. Lors des entretiens d'embauche, il vérifie les compétences techniques des candidats et leur motivation. « S'ils font le choix de vendre des panneaux solaires, c'est qu'ils veulent contribuer à leur manière à un changement des modes de consommation et de production d'énergie. »

L'ancien militaire ne demande pourtant pas à ses collaborateurs de penser comme lui. « Il n'y a rien de pire qu'un salarié qui pense exactement comme son patron. » Thierry Fauvet est un adepte du manager moins pour obtenir plus d'initiatives et un patron convaincu de la nécessité d'ouvrir de vrais espaces de liberté à ses salariés pour s'exprimer.

Pour lui, un chef d'entreprise doit prévoir comment évoluera le métier dans trois à cinq ans et gérer la société dans les situations de crise. Il a d'ailleurs créé dans ce but une deuxième société, un cabinet de stratégie d'entreprise nommé Prisme Conseil qui propose « Crise Box » : une mallette contenant des classeurs personnalisés permettant de dérouler un fil conducteur en situation complexe ou inattendue. Une technique de gestion de crise qu'il tient de ses années dans la Marine.

Plusieurs dizaines d'autres projets dans sa boîte à idées

Thierry Fauvet a aujourd'hui des convictions assez arrêtées sur l'entreprise de demain. Pour lui, le statut même de salarié est condamné. Il ne se considère d'ailleurs plus comme un employeur mais comme un consommateur de compétences. « Nous devrions établir des contrats commerciaux avec nos salariés », remarque-t-il, convaincu que la polyvalence professionnelle sera le fondement de l'emploi de demain.

Avec ses collaborateurs, Thierry Fauvet n'hésite pas à partager son expertise et à s'enrichir de la leur. Il vient de recruter un senior de 62 ans pour son bureau d'études. « Il apporte ses quarante ans d'expérience aux deux jeunes ingénieurs, ce n'est que du bénéfice pour NRJ Bio. »

Au moment de lancer NRJ Bio, Thierry Fauvet avait listé plusieurs dizaines d'autres projets dans sa boîte à idées. Constituée depuis plus de quinze ans, il la consulte régulièrement. « Je laisse décanter quelques mois et puis régulièrement, je feuillette le cahier. » Il y a le tiroir à fausses bonnes idées en fin de cahier, et celles qui étaient trop bonnes. « Je me réveille un matin et je vois que quelqu'un l'a réalisée. »

Frédéric Fiore
Garderisettes

Le centralien devenu patron de crèches

À 30 ans, Frédéric Fiore crée une entreprise de garde d'enfants. Sur ce tout nouveau marché de la crèche d'entreprise, il a dû briser des tabous pour mettre en place des outils de gestion des ressources humaines performants dans un secteur hérité des milieux associatif et social. Le succès est au rendez-vous : en cinq ans, Garderisettes a créé 350 emplois. Et de nouveaux développements sont annoncés.

Une première expérience d'entrepreneur dans les logiciels

« Ce dont je suis le plus fier, c'est d'avoir créé autant d'emplois. » Dans son petit bureau de Caluire-et-Cuire, près de Lyon, Frédéric Fiore manifeste une certaine fierté devant le chemin parcouru. Lorsqu'il a créé Garderisettes, société de crèches, en 2004, son plus grand plaisir était de voir le sourire des parents heureux d'avoir trouvé une solution de garde pour leurs petits. Avec le temps, il s'est un peu détaché de ces moments-là, même s'ils restent très forts. « Ce qui me motive le plus aujourd'hui, et qui me stresse le plus aussi, c'est la gestion des hommes, surtout des femmes d'ailleurs puisque nous ne sommes que cinq hommes dans toute l'entreprise. » Le jeune chef d'entreprise, âgé de 35 ans, mesure le chemin parcouru : « J'ai pris des baffes car je n'avais aucune légitimité dans ce secteur d'activité. J'en avais conscience, je l'ai vécu avec beaucoup d'humilité. Être jeune, c'est être là pour tenter des choses, oser prendre des risques, pas pour donner des leçons. J'ai un ego assez fort, comme tous les entrepreneurs, mais je ne me positionne pas en conquérant. »

En 2004, lorsqu'il crée Garderisettes, Frédéric Fiore a déjà une solide expérience professionnelle. Ingénieur diplômé de Centrale Lyon, il a travaillé pendant huit ans chez Ernst & Young en conseil en stratégie pour PME. Au sein du cabinet, il a lancé une division spécialisée dans les start-up. Le virus de la création d'entreprise finit par le contaminer : en 2000, il rejoint un client pour monter une société de logiciels à Toulouse. « Nous avons levé 3 millions d'euros et tout claqué en 12 mois… Nous avions vingt développeurs tous plus brillants les uns que les autres, mais pas de clients. » Retour chez Ernst & Young, le temps de préparer un autre projet. Plus réfléchi cette fois-ci. Mais avec en toile de fond cette même envie d'entreprendre pour « être aux manettes, piloter suivant ses valeurs, ses convictions, essayer de transmettre ce qu'on a de meilleur à son entreprise, à ses collaborateurs ».

118ᵉ sur la liste d'attente pour une place en crèche

Sur le papier, Frédéric Fiore sait ce qu'il veut : un projet qui puisse se démultiplier après un démarrage en proximité, capable de monter en puissance, qui soit positif, c'est-à-dire qui fasse « bouger les choses », enfin sur une activité facilement compréhensible pour pouvoir faire levier sur les banques. Restait à identifier le sujet... À la naissance de son premier enfant, il se retrouve 118ᵉ sur une liste d'attente pour une place en crèche : c'est le déclencheur. À une époque où l'on ne parlait encore que rarement de partenariat public-privé, il lance Garderisettes, une société qui conçoit et réalise des solutions de garde d'enfants – crèches d'entreprises, interentreprises, pour les collectivités, puis des microcrèches – en associant de nombreux partenaires : caisses d'allocations familiales, services de protection maternelle et infantile, banques, zones d'activités, entreprises, constructeurs... Sur un marché émergent, il fait ses classes. Avec, d'emblée, le sentiment de vivre une « aventure collective ». Cinq ans après, Garderisettes dispose de 28 établissements, soit plus de 800 places en crèches, pour un chiffre d'affaires en 2009 de près de 10 millions d'euros.

Dans un secteur d'activité où le personnel est généralement issu d'organismes publics ou associatifs, Frédéric Fiore applique des méthodes du privé. « Au début, parler qualité, rigueur, évaluation du travail, motivation par le salaire, mesure de la performance individuelle et collective était un tabou. » Une prime pour des professionnels de la petite enfance ? Et pourquoi pas ! Aujourd'hui, les salariés de Garderisettes bénéficient d'un plan d'intéressement indexé sur la rentabilité de la crèche. Car l'entrepreneur a beau diriger une entreprise « sociale », celle-ci n'en est pas moins soumise aux règles du marché. « 60 % des coûts de Garderisettes sont humains, 95 % de notre temps relèvent de la gestion de l'humain et 100 % de la qualité dépendent de l'humain », résume le dirigeant. Alors, puisque l'humain est au cœur du système, il le soigne tout particulièrement. « Je me suis vite rendu compte que gérer quinze cadres bac+10 et des équipes très hétérogènes était très différent... Mais il ne s'agissait pas de copier-coller les méthodes de l'industrie car il y a un vrai problème culturel et fonctionnel : on ne fait pas un métier comme les autres. Je pense que tous les métiers sont différents mais le nôtre est particulier parce que chacun peut se mettre à la place de nos clients. Ce qui est compliqué, c'est que tout le monde a un avis sur notre métier. »

Une convention collective réservée jusqu'ici au monde associatif

Pour assurer une cohésion d'ensemble, il a donc mis en place des groupes de travail transversaux favorisant un dialogue social ouvert. Dirigeant, gestionnaires de crèche, directeurs de sites, équipes de crèches définissent ensemble les valeurs de l'entreprise : RSE, pour respect, solidarité, excellence. « Cela nous permet d'arbitrer les conflits de personnel. J'ai d'ailleurs dû me séparer de collaborateurs qui ne respectaient pas cela. Or, savoir se remettre en cause, se mettre à la place de l'autre est fondamental. Cela facilite la recherche de compromis et de consensus. » Frédéric Fiore a même l'idée de jouer une nouvelle version de *Vis ma vie*, l'émission de TF1 : le personnel du siège passe du temps en crèche, il va impulser un mouvement inverse, pour une meilleure compréhension du travail des uns et des autres. « Tout manager doit être exemplaire, assumer ses choix et ceux de ses collaborateurs. Mais je crois que c'est encore plus vrai pour le dirigeant. J'ai la responsabilité, in fine, de donner à manger à la fin du mois à 250 salariés. Qui sont, pour la moitié, de jeunes personnes qui se lancent dans la vie, qui sont complètement dépendantes de la réussite ou pas de l'entreprise. »

Parmi les outils choisis par les salariés : la convention collective des acteurs du lien social et familial, habituellement réservée au milieu associatif. « Ça a un coût pour l'employeur, de l'ordre de 10 à 15 % de la masse salariale, mais c'est une vraie reconnaissance de leur travail. Or il s'agit d'un métier difficile, très prenant, qui demande de nombreuses qualités. » Pour recruter du personnel motivé et éviter qu'il ne s'épuise, Frédéric Fiore privilégie les recrutements locaux, afin de rapprocher le plus possible ses collaborateurs de leur domicile. D'autant que les plages horaires de travail sont étendues. « Au-delà de l'impact carbone, il s'agit de limiter le coût, le temps et le stress générés par les déplacements, souligne-t-il. Notre métier consiste à soulager les parents de leurs soucis de garde d'enfants, il ne serait pas logique que l'on crée des problèmes à nos propres équipes. »

10 à 15 % des effectifs sont par ailleurs en réinsertion. « Ce sont des gens qui sont en rupture professionnelle complète, que nous accompagnons et formons. Ces personnes sont de vraies richesses pour toute l'équipe. Elles deviennent des remparts, des moteurs de motivation. On peut compter sur elles pour passer des messages sur la valeur du travail, l'exemplarité, le respect de la hiérarchie, des consignes... » Cela permet aussi de recruter des personnes plus âgées pour équilibrer la pyramide des âges de l'entreprise, qui reçoit beaucoup de candidatures spontanées de jeunes au sortir de l'école.

Une gestion prévisionnelle des emplois et des compétences (GPEC) a été mise en place, des grilles d'évaluation et d'autoévaluation ont été personnalisées en fonction des besoins de l'entreprise afin d'élaborer des plans de formation. Chaque année, trois à quatre validations des acquis de l'expérience (VAE) sont réalisées. Il s'agit soit d'employés ayant un CAP, qui deviennent auxiliaires de puériculture, soit d'auxiliaires qui deviennent éducateurs de jeunes enfants. Une formation au tutorat de stage a également été mise en place pour encadrer les stagiaires.

Un mariage de raison

La crise n'a pas touché directement Garderisettes. Certes, des prospects ont suspendu des projets de crèche, mais d'autres ont émergé, la crèche interentreprises étant un outil précieux aux mains des directions des ressources humaines pour gérer des talents et des compétences, surtout en période difficile. En revanche, les retards de paiement et le resserrement du crédit ont inquiété Frédéric Fiore. Mais le dirigeant, confiant dans son business modèle, a su convaincre de nouveaux partenaires pour financer son développement. Dans un premier temps, il pensait réaliser une levée de fonds de 4 à 5 millions d'euros, avec le soutien de ses partenaires historiques. Finalement, il a opté pour la fusion avec les sociétés de crèches Babilou, en 2009, puis Tout Petit Monde, en 2010.

« Nous sommes devenus le leader national, avec près de 5 000 places dans 130 crèches et 1 500 salariés. » Ravi de ces opérations qui vont permettre à Garderisettes de poursuivre son expansion dans l'est de la France et de développer de nouveaux services, Frédéric Fiore reconnaît toutefois que ce sont ses équipes qui l'ont poussé à prendre cette décision. « Pour moi, rester l'entrepreneur aurait peut-être été mieux, mais pas pour mon entreprise... La position d'un dirigeant est parfois schizophrène. » La rencontre des équipes opérationnelles a été décisive : « Elles ont été convaincues que nous allions gagner deux ans dans notre développement. » Le rapprochement de ces structures, toutes trois engagées socialement, nécessitera une harmonisation des outils mis en place. Mais la fusion semble assurée. « Notre façon de gérer les équipes est la même : le siège est au service du terrain, souligne Frédéric Fiore. L'enjeu du groupe est considérable : peu d'entreprises ont créé autant d'emplois en si peu de temps. »

Véronique Garnodier
Charlott'

La vente directe de lingerie à domicile

Haut perchée sur ses talons, dans une robe très ajustée, ou pédalant sur son vélo, entourée de ses équipes de vendeuses, Véronique Garnodier dégage une énergie communicative. À son image, Charlott', sa société de vente directe de lingerie, affiche un dynamisme remarquable : créée il y a quinze ans, elle emploie 3 000 vendeuses pour un chiffre d'affaires qui dépasse les 30 millions d'euros en 2009 et un taux de rentabilité de 30 %. Depuis son bureau de Chaponost, près de Lyon, la pétulante dirigeante explique ce succès par deux facteurs clés : un concept fort et des équipes motivées.

Elle crée un club de gym à 22 ans

Très sportive, Véronique Garnodier crée sa première entreprise, un club de gym, à 22 ans. Diététicienne sportive de formation, elle ouvre des salles de sport, qu'elle revend en 1989. Elle devient alors salariée, comme déléguée médicale dans le domaine pharmaceutique. Son travail consiste à promouvoir du matériel médical aux pharmacies, pour le compte de la société de distribution OCP. « J'ai eu le poste sans diplôme particulier, sur l'enthousiasme, à l'énergie. Je voulais changer de travail, j'avais fait le tour du domaine sportif. C'est sympa quand on est jeune, c'est festif, mais intellectuellement pas tout le temps à la hauteur... » De 1992 à 1994, elle reprend ses études et obtient un master de gestion. « Cela m'a permis d'apprendre, de comprendre et d'appréhender les différents domaines du management. Ça m'a donné envie de créer une entreprise à nouveau. »

Des filtres à eau à la lingerie féminine

Charlott' est née d'une rencontre à l'occasion d'une réunion d'information organisée par une société de vente à domicile de filtres à air et filtres à eau. « Je ne me voyais pas du tout avec un tournevis sous l'évier de ma voisine. En revanche, j'ai trouvé le concept absolument fabuleux ! Ce côté convivial, aller chez les gens, travailler avec leur environnement... »
Aux yeux de Véronique Garnodier, le statut de vendeur à domicile indépendant, créé en 1993, est une idée formidable : « La personne, assimilée salariée, n'a aucun lien de subordination. Il n'y a pas de risque à se lancer dans une activité plutôt sympathique. Côté employeur, ça vous oblige à être à la hauteur : je n'ai pas d'autorité sur les conseillères de vente, je n'ai qu'une compétence, que je dois leur prouver en permanence. »
L'idée du produit est venue plus tard. Véronique Garnodier voulait vendre un produit féminin – car ce mode de vente concerne surtout les femmes –, qui soit utilisé par tout le monde, qui se renouvelle et qui ne

soit pas encore distribué en vente directe. La lingerie s'est imposée comme une évidence.

Pour sortir ses premiers modèles, elle fait fonctionner le système D : « Il fallait enfoncer des portes pour trouver de la matière, j'ai acheté des fins de série de dentelles que j'ai teintes, à la maison, dans mes casseroles... » Elle dessine quelques croquis, trouve un façonnier à Lyon et réalise ainsi ses premières séries. « Je crois que ça a marché grâce à l'enthousiasme que j'ai mis dans ce projet, plus que grâce à la qualité des produits, reconnaît-elle en riant. J'ai commencé comme mes vendeuses aujourd'hui, en allant voir mes copines pour leur vendre mes articles. »

Au bout de quelques mois, Charlott' se structure : dès la fin de l'année 1995, elle compte une petite équipe de cinq personnes au siège et une centaine de vendeuses. La production est sous-traitée en Tunisie et l'entreprise travaille sur le marketing et la communication. « Nous avons fait l'objet de plusieurs émissions de télévision, qui nous ont donné un élan fantastique. »

De l'emploi « faute de mieux » à un vrai métier

La motivation et la dynamisation du réseau de conseillères de vente sont les piliers du système. Car, de deux collections par an, Charlott' est passée à des cycles de deux mois. « Nous fonctionnons comme une vitrine permanente, cela permet d'alimenter les envies et les ardeurs des vendeuses. » Leur recrutement n'a rien de classique, toutes les candidatures sont regardées. « Notre principe est de donner sa chance à tout le monde », souligne la dirigeante. Une animation de découverte est organisée pour montrer à la candidate en quoi consiste le métier. Elle doit trouver une hôtesse chez qui aura lieu la vente, envoyer les invitations, démarcher les clientes, et assiste à la séance menée par une animatrice confirmée. À l'issue de celle-ci, la vendeuse adhère, ou non. Puis elle est formée pendant un cycle de trois mois, comparable à une période d'essai, au cours duquel on lui remet tous les outils pour travailler.

« Au bout de ce cycle, la moitié des candidates sont encore là. » Le turn-over est très faible. Il faut dire que le mode de rémunération est alléchant : le salaire minimum est de 320 euros par mois (à raison d'une présentation par semaine) ; en moyenne, les vendeuses gagnent entre 600 et 800 euros par mois. Un deuxième volet de rémunération est ouvert pour les vendeuses qui gèrent une équipe. « Elles touchent une commission sur tout ce que vend leur équipe. On peut ainsi gagner 10 000 euros, et même bien plus », assure Véronique Garnodier.

Au début, la dirigeante avait peur de ne pas réussir. Son obsession du chiffre d'affaires et de la rentabilité a peu à peu laissé place à d'autres centres d'intérêt. « Voir des gens, des vies se transformer, c'est fantastique ! » Charlott' emploie des étudiantes, des retraitées, mais son cœur de cible, ce sont des femmes au sortir d'un congé parental ou qui ont des enfants en bas âge et qui cherchent à concilier vies professionnelle et familiale, ou encore des gens qui ont du mal à boucler leurs fins de mois.

« Souvent, elles entrent chez Charlott' pour un complément d'activité. Ça ne nous dérange pas, il faut tester ce métier-là. Et après, on sent naître de vraies ambitions, avec des plans de carrière qui peuvent être fabuleux. » Véronique Garnodier évoque ainsi le cas d'Odette, une femme de 56 ans au RMI qui a pris sa retraite il y a deux ans après avoir travaillé dix ans chez Charlott'... « On offre la possibilité de construire une carrière sans être plombé par le côté administratif. Pour réussir, vous n'avez qu'à créer votre fonds de commerce. Face à la crise, nous offrons la possibilité à des personnes en situation délicate de venir s'essayer à ce métier. Souvent, elles viennent à reculons. Tout l'art de notre accompagnement est de les faire passer d'un emploi "faute de mieux" à un vrai métier, voire à l'envie de faire carrière. »

Elle roule en vélo avec ses vendeuses pour casser les codes

Depuis deux ans, Véronique Garnodier sillonne la France à vélo pour aller à la rencontre de ses vendeuses. « Pour les surprendre, pour se démarquer d'une communication classique, pour essayer de supprimer les barrières entre nous. Avec le vélo, vous nivelez toute dimension sociale, il y a un côté convivial très fort. »

Pour elle, qui roule trois à quatre fois par semaine, sur des distances de 40 à 200 km, la performance s'associe au plaisir… Ce n'est peut-être pas le cas de toutes les vendeuses. Mais cela fait partie du défi. « Le but est aussi de leur demander de faire des efforts qu'elles n'ont pas forcément l'habitude de faire. Mais elles se joignent assez facilement à moi, ne serait-ce que pour quelques kilomètres. » Faire adhérer les équipes, développer un état d'esprit d'entreprise est d'autant plus fondamental que le sentiment d'appartenance n'est pas évident pour du personnel indépendant. Pour renforcer cette adhésion, Charlott' organise tous les ans un challenge qui se solde par un gala. En 2009, les 100 meilleures conseillères de vente ont été invitées avec leurs époux, les mannequins et le personnel du siège à un gala en Tunisie.

Dynamiser les forces de vente, transmettre la passion… Véronique Garnodier insuffle sur l'entreprise son enthousiasme. Mais, pour ne pas risquer de se scléroser, elle a décidé, avec son associé Frédéric Montolio, de déléguer davantage la gestion de l'entreprise aux cadres, pour se concentrer sur la stratégie et s'ouvrir à d'autres opportunités de développement. Avec l'aide de leurs partenaires financiers, Initiative et Finance et Naxicap, les dirigeants viennent de procéder à un nouveau LBO (leveraged buy-out), qui leur permet de détenir désormais 55 % du capital, contre 46 % auparavant.

« C'est une nouvelle étape pour Charlott'. Nous voulons repartir dans une dynamique un peu plus violente. » Celle-ci s'est déjà traduite par le lancement d'une gamme de prêt-à-porter au début du mois d'octobre 2009. Que réserve la suite ? Croissance externe ? Sur d'autres produits ? Dans d'autres pays ? « Il est très difficile de garder l'esprit ouvert. Pour cela, il faut libérer du temps, voir des gens... » Rien n'est écrit pour la suite. Mais une chose est sûre : Véronique Garnodier n'attendra pas l'inspiration, elle ira la chercher.

Philippe de Gibon
Convers Télémarketing

L'innovateur social des centres d'appel

Spécialisée dans les opérations et campagnes de télémarketing à valeur ajoutée, Convers cultive sa différence. Sur son positionnement, d'abord. La PME ne s'inscrit pas dans des prestations de prospections mais dans du service client. « On a voulu sortir du centre d'appels lambda qui propose au couple de venir chercher des cadeaux », explique Philippe de Gibon. Et l'homme de citer en exemple des opérations de commandes cadencées et de gestion de stock à destination des pharmaciens pour le compte de grands laboratoires pharmaceutiques. Sur son management, ensuite. La PME a construit son développement sur une politique de ressources humaines originale, saluée récemment par l'IMS (Institut du mécénat sociétal). Dès le lancement de la société, l'équipe dirigeante a voulu donner de la maturité à un métier miné par le turn-over. Elle a ainsi choisi de se tourner vers des publics jusqu'ici ignorés par la profession : les mères de famille qui veulent travailler après avoir élevé leurs enfants et les seniors.

Ces choix stratégiques ont fait leurs preuves : aujourd'hui, Convers enregistre un chiffre d'affaires de 4,5 millions d'euros et compte 150 salariés.

Un apprentissage dans les métiers du gardiennage

En 1982, Philippe de Gibon pousse les portes de la SGS, grosse PME marseillaise de gardiennage dont les agences sont réparties dans la région Provence-Alpes-Côte d'Azur. Le métier n'est pas structuré et les salariés payés à l'équivalence : « À l'époque, on estimait que douze heures de travail dans la sécurité équivalait à huit heures de travail lambda... Comme si ce métier, parce qu'il ne nécessitait pas de formation, n'était finalement pas un vrai métier. » Armé de son seul culot, il explique au P-DG qu'il peut professionnaliser et faire évoluer le monde de la sécurité, et donc la société.

Et le jeune de Gibon d'exposer sa stratégie pour sortir le secteur de la marginalité. L'argumentaire fait mouche. Le dirigeant le prend au mot et lui offre un poste. À titre gratuit. Il ne sera payé que si sa théorie est valable. « Quatre mois plus tard, je touchais mon premier salaire. Le cinquième mois, je devenais directeur de l'agence des Alpes-Maritimes », raconte-t-il fièrement. En cinq ans, Philippe de Gibon multiplie par trois le chiffre d'affaires, divise d'autant le turn-over et transforme le recrutement.

Il recherche « des profils qui ne seraient jamais venus dans ce métier mais qui se sont trouvés sur la touche à un moment donné ». Des vies dont on pourrait faire des histoires. Comme celle de ce ressortissant belge qui avait vendu son entreprise pour venir s'installer sur la Côte d'Azur et se lancer dans la restauration. Ruiné, il avait tout perdu. « Je ne pouvais pas faire grand-chose pour lui, si ce n'était lui proposer un emploi stable, le plus possible adapté à son profil, le temps de passer le cap et de se reconstruire. » L'homme deviendra par la suite directeur d'une des filiales de l'entreprise. Ou encore celle de cet avocat yougoslave qui parlait six langues mais pas le français et qui, de son PC de sécurité, passera responsable Europe. Des exemples de ce type, il y en a d'autres, qui « tireront l'entreprise et le métier de la sécurité vers le haut ». Philippe de Gibon, lui, en tirera les fondations d'une stratégie qu'il mettra en place vingt ans plus tard au sein de Convers.

Les années Zigofolies

Entre temps, de 1987 à 1994, il travaille, en tant que directeur des opérations, au parc d'attractions Zigofolies. Des années durant lesquelles il dirige une dizaine de services, de la maintenance à l'animation, soit 80 permanents et 450 saisonniers. Des années d'apprentissage, également : sous l'égide du directeur général du parc Claude Forestier, Philippe de Gibon apprend à gérer, déléguer, prévoir, organiser. Mais les résultats ne décollent pas. Racheté, le parc d'attractions doit disparaître pour laisser place à un autre type de parc, dédié celui-là aux activités logistiques. Pendant deux ans, de 1992 à 1994, Philippe de Gibon le revend, morceau par morceau. Un manège en France, une friteuse en Allemagne, le funiculaire au Canada...

Investir dans la qualification

En 1994, Philippe de Gibon fait ses premiers pas dans le secteur du télémarketing. Et finit par y trouver son compte. Quatre ans plus tard, lorsque le plateau niçois qui l'employait ferme ses portes, il se lance. L'univers des centres d'appels, critiqué et peu considéré, lui rappelle celui de la sécurité, qu'il entendait, jeune homme, révolutionner. Cette fois-ci, il s'y attellera à son compte. « Pour la première fois de mon existence professionnelle, j'ai senti le besoin de créer une structure. J'étais lassé de ces échecs qui n'étaient pas les miens. »

Il convainc sans difficulté ses futurs associés, Éric Giot, Anne Cagnard et Ludovic Genay, et lève 6 millions de francs auprès de l'homme d'affaires parisien Gérard Cohen. Ensemble, ils élaborent leur stratégie pour faire sortir le télémarketing du statut de petit job et le professionnaliser. Ils identifient les marchés grands comptes pour lesquels ils proposent ces fameuses campagnes à valeur ajoutée et partent à la recherche d'un public mature capable d'apporter stabilité et expérience à la PME. Pour cela, ils ont une idée : un contrat de travail inédit qui servira de base à une nouvelle politique de ressources humaines.

« Ce contrat de travail est composé de trois volets, détaille Philippe de Gibon. Premier volet : des horaires à la carte. Le salarié a, toutes les semaines, la possibilité de choisir ses horaires pour la semaine suivante, et peut changer, deux fois par an, son nombre d'heures contractuelles. » Un élément décisif qui permet d'allier vie professionnelle et vie familiale et de répondre ainsi aux attentes des mères de famille et des seniors, le public visé. « Deuxième volet : une rémunération 9 % au-dessus de la Convention collective couplée à un système de primes de rentabilité, de présentéisme et d'horaires décalés. » Le salarié qui accepte d'effectuer deux tiers de son temps de travail mensuel en horaires décalés touche une prime de 108 euros. « Troisième et dernier volet : des campagnes de marketing intellectuellement intéressantes pour éviter la lassitude et élever le niveau de compétences. » Autrement dit : pas ou très peu d'opérations de prospection rébarbatives, mais du service client qui demande une construction réfléchie.

Flexibilité des horaires, rémunération attractive, travail motivant pour des prestations à valeur ajoutée : c'est la méthode gagnante de Convers. Le tout associé à une politique de management empruntée aux grandes entreprises : entretien professionnel, plan de formation, intégration et tutorat. Un choix stratégique qui s'avérera primordial lorsque déferlera, à partir de 2003, la vague des centres d'appels offshore.

Une expérience que l'entreprise a elle-même vainement tenté en installant un plateau d'une trentaine de positions sur l'île Maurice. « Il ne suffit pas de déplacer un chef de projets et un superviseur pour transporter un savoir-faire. » Le dirigeant en sort doublement motivé pour garder en France sa production et faire connaître l'entreprise, sa philosophie, sa méthode de management, ses actions pour l'emploi envers les seniors ou les populations en difficulté d'insertion. Convers vient d'ailleurs d'obtenir le label de Responsabilité Sociétale décerné par les différents acteurs du métier. La PME est l'une des 25 entreprises labellisées sur un total de 3 500 centres français. « Nous n'avons pas d'ambition démesurée, conclut le dirigeant. Peut-être, à terme, allons-nous doubler notre capacité de production actuelle pour monter jusqu'à 250 ou 300 positions. Mais nous n'avons pas envie de faire de Convers une usine. Nous voulons garder notre âme et continuer de monter en gamme. »

Daniel Lafranche
Bretagne Ateliers

Patron d'une entreprise industrielle de 600 salariés
dont 80 % d'handicapés

De la salle de réunion, derrière une vitre surplombant l'usine, le panorama correspond assez à l'idée que l'on peut se faire du monde industriel. Des aires de travail délimitées par des lignes au sol, des hommes et des femmes s'affairant à leur poste, des transpalettes qui transitent d'un coin à l'autre avec leur chargement, des rayonnages où s'empilent cartons et caisses en plastique... Mais comme dans toute vue panoramique, on s'arrête rarement aux détails. Or, chez Bretagne Ateliers, ils font toute la différence. Le sous-traitant industriel de la région rennaise présente en effet la particularité d'être une « entreprise adaptée », anciennement appelée « atelier protégé » ou CAT, une entreprise dont « la finalité est l'insertion socioprofessionnelle des personnes fragilisées par un handicap ». Et sur ce plan, avec 80 % de salariés invalides, Bretagne Ateliers est exemplaire.

Bretagne Ateliers fêtera en 2015 ses quarante ans d'existence. Une longévité qu'elle doit à son fondateur, Jean-Michel Quéguiner. C'est en effet dans les années 1970 que cet ancien éducateur a créé Bretagne Ateliers et son fameux système Cristal : un management en pyramide inversée où la majorité des décisions part non pas du comité de direction mais de l'opérateur, sur les lignes de montage. Aujourd'hui conseil en ressources humaines et conférencier, il a su, avant les autres, concilier éthique et considérations économiques.

Depuis cinq ans, c'est son disciple, Daniel Lafranche, 50 ans, qui préside cette société de 22 millions d'euros de chiffre d'affaires. Un directeur général qui, derrière un regard perçant et une certaine froideur, cache un humanisme presque maladif.

Des débuts en entreprise dans la production de neige

C'est au milieu des années 1980 que l'ingénieur Arts & Métiers Daniel Lafranche met un premier pied dans le monde de l'entreprise, chez York – division du groupe américain Johnson Controls, à Nantes –, une société spécialisée dans la production de neige. En quelques années, Daniel Lafranche est incollable sur les noms de stations de ski dans les Alpes, françaises et italiennes. Pour ce fils de Bretons qui débarqua dans les Côtes d'Armor à l'âge du lycée après quinze ans en région parisienne, c'est plutôt cocasse. L'intéressé confie d'ailleurs avoir appris à skier pour le travail.

Technicien de mise en service d'installation, ingénieur d'affaires, directeur des affaires, puis directeur technique. Jusqu'en 1998, Daniel Lafranche gravit les échelons d'une division qui emploie à l'époque une soixantaine de salariés. Des années durant lesquelles il apprécie les avantages d'une gestion US. « En tant que chargé d'affaires, j'avais une responsabilité technique et financière, se souvient le patron. C'étaient des installations de 100 000 à 2 millions d'euros. J'ai beaucoup appris grâce au côté rigoureux de la gestion d'un groupe américain. » Mais, au fil du temps, et des restructurations, il découvre aussi les inconvénients de cette gestion, notamment la dilution des responsabilités. « J'avais à terme une frustration liée à une perte d'autonomie. »

Création d'entreprise, reprise, changement de cap professionnel, Daniel Lafranche est en pleine réflexion. C'est alors qu'il rencontre, à l'issue d'une formation en management, Jean-Michel Quéguiner. Daniel Lafranche quitte donc la neige et le management à l'américaine pour rejoindre une entreprise qui « développe davantage le capital humain que la rentabilité ».

Pourquoi un tel choix ? « Plus j'y pense, plus je me dis que mon parcours personnel y est pour quelque chose. » Daniel Lafranche avait en effet une tante qui travaillait dans un institut médico-éducatif dans les Côtes d'Armor. Régulièrement, il allait en famille lui rendre visite. Lorsqu'il entre à Bretagne Ateliers en 1998, il n'éprouve donc aucune gêne face au personnel. Cette immersion très jeune dans l'univers du handicap lui permet de dépasser les idées reçues.

Adapter les postes aux capacités des salariés

L'intégration du handicap dans l'entreprise, c'est depuis des décennies le cheval de bataille de Bretagne Ateliers. « Ici, les gens, c'est la raison d'être de la société. Contrairement aux entreprises classiques, nous commençons par déterminer les capacités d'une personne pour, ensuite, lui rendre accessible un poste », explique le dirigeant. Une philosophie qui, vue de l'extérieur, aboutit parfois à des situations cocasses. Bretagne Ateliers se retrouve ainsi avec plus de cinquante modèles horaires en place. Mais c'est le prix à payer « pour tirer parti de tout le potentiel de la personne. Quand on se présente, on explique que notre finalité, c'est de proposer des emplois. Pour ça, bien sûr, il faut aller chercher des marchés. C'est notre deuxième métier ».

Sur ce point, Bretagne Ateliers n'a pas à rougir, ayant obtenu des marchés auprès d'Alstom, Leroy Merlin, PSA Peugeot Citroën... « On travaille avec PSA depuis 33 ans », rappelle Daniel Lafranche. Bretagne Ateliers fournit ainsi à PSA en flux synchrone des pièces de freins, groupes motoventilateurs et autres pavillons.

L'avenir est-il pour autant sans nuages pour le groupe breton ?

Sur le plan financier, comme toute entreprise de son secteur, Bretagne Ateliers connaît des difficultés et a bénéficié en 2009 d'une aide de l'État pour maintenir l'emploi. Une subvention que Daniel Lafranche assume complètement. « Si aujourd'hui nous étions obligés de nous passer de certaines personnes, vu la période, où iraient-elles ? Si nous devions réduire nos effectifs, nous ferions de la casse sociale qui coûterait aussi à la collectivité. » Jusqu'à maintenant, Bretagne Ateliers a tenu bon. Seuls les CDD et l'intérim ont fait les frais de la crise. Et, depuis 1975, jamais l'entreprise n'a licencié pour des raisons économiques.

Daniel Lafranche regrette-t-il aujourd'hui de ne pas avoir créé ou repris sa propre entreprise, comme il l'avait envisagé avant de quitter York ? « Je n'ai pas la culture de l'argent. Je ne cherchais pas à l'époque à me forger un patrimoine personnel, je voulais entreprendre pour créer de l'emploi. Et ça, Bretagne Ateliers me l'a apporté. Je suis salarié, et ça me convient bien. » Un statut qui fait de lui, une fois de plus, un homme à part dans le patronat breton. Car, au-delà de l'entreprise qu'il pilote, Daniel Lafranche est actif au sein de l'union patronale et du réseau de dirigeants APM (Association Progrès du Management, créée par Pierre Bellon, le président de Sodexho).

Sa plus grande satisfaction ? « Regarder les opérateurs au travail dans les ateliers. Pour eux, l'essentiel est d'être reconnus comme des salariés à part entière. » Son combat ? « Ce qui manque en France, c'est un accompagnement financier pour l'économie sociale et solidaire. Je suis horrifié quand je vois des fonds d'investissement nous dire qu'ils financent l'économie sociale et solidaire tout en affichant des taux d'intérêt supérieurs à ceux proposés aux entreprises dites classiques. »

Jo Le Mer
Giannoni-Sermeta
Des brevets pour l'emploi

Jo Le Mer, un nom bien connu en Bretagne. En 1968, il se met à son compte à Saint-Thégonnec, une petite commune du Nord-Finistère d'où sa famille est issue. En mai, alors que dans les villes les étudiants battent le pavé, l'artisan chauffagiste imagine un nouveau système de chaudières. Les bases de son avenir professionnel sont jetées. Ces innovations donneront lieu à la création d'une première entreprise, Seagem, revendue à la fin des années 1980 au groupe ELM-Leblanc.

Vingt-cinq ans plus tard, en 1993, Jo Le Mer s'associe avec l'Italien Rocco Giannoni pour fonder Giannoni-Sermeta et exploiter un premier brevet. Celui-ci porte sur un système de chauffage au gaz naturel, plus précisément un échangeur à condensation capable de réduire considérablement les rejets de CO_2 dans l'atmosphère. Une petite révolution, un an seulement après le Sommet de la Terre à Rio. À l'époque, l'environnement n'est une préoccupation que pour une poignée de militants et de scientifiques. On ne sait pas que le sujet, quinze ans plus tard, sera abordé sur toutes les ondes, par quasiment tous les partis politiques.

Au moins un nouveau brevet par an

En 2009, l'industriel est sacré « inventeur européen de l'année », catégorie PMI innovante, pour ses échangeurs à condensation en acier inoxydable. « Cette reconnaissance m'a mis en contact avec beaucoup d'interlocuteurs de toute la planète, des prix Nobel, des scientifiques, des chefs d'entreprise... », s'enthousiasme l'industriel breton qui dépose régulièrement des brevets.

La dernière trouvaille en date, pourrait, espère-t-il, être mise sur le marché en 2010. « The Cold Burner Door », brûleur à porte froide, permet de réduire les pertes par rayonnement de l'ordre de 150 W par heure. Une jolie invention qui doit permettre de conforter ses positions auprès de ses clients.

Les modes de production des deux usines, celle de Morlaix (500 personnes) et celle de Lannion (65 salariés), portent aussi l'empreinte du Finistérien. En 1993, Giannoni-Sermeta fabriquait un échangeur thermique en 1h45. Cinq ans plus tard, il ne fallait plus que 35 minutes. Actuellement, elle est en passe d'atteindre les 6 minutes. Jo Le Mer est persuadé d'une chose : « On serait toujours à 1h45, on n'existerait plus à Morlaix. Face à la concurrence de toute la planète, on tire notre épingle du jeu en étant compétitif. »

Toujours innover pour éviter de délocaliser

Pour faire des produits qui correspondent au marché tout en réduisant les prix de revient, la remise en cause est perpétuelle. « Cela passe par la réduction de la main-d'œuvre », affirme avec un brin de provocation Jo Le

Mer. La mission première d'un patron consiste, selon lui, à mettre au point des produits de qualité, faciles à vendre et utiles. Or, les fabricants de chaudières en veulent toujours plus : économes en énergie, faciles à intégrer dans les appareils, de moins en moins chères et de qualité croissante.

En 1999, les deux associés prennent un nouveau virage. S'ils veulent survivre, il faut faire du volume et inventer un nouveau modèle économique pour l'entreprise. Ils inventent alors un échangeur isothermique de nouvelle génération destiné à être fabriqué en masse. Leur idée est d'investir un marché mondial en pleine croissance, avec moins de main-d'œuvre et de valeur d'achat, sans toutefois diminuer la qualité. La conception du produit est simplifiée. À l'époque, les pièces Inox sont assemblées par des soudures. Un process long et fastidieux. Jo Le Mer fait alors bâtir 5 000 m² d'usine dédiée à l'injection plastique. Les pièces seront désormais fabriquées d'un bloc. Avec ces machines, l'entreprise, qui était au bout de ses capacités en gain de productivité, passe un cap. Le pari est gagné. « Quand vous n'avez que six minutes de main-d'œuvre sur une pièce, inutile d'aller en Chine. Cela coûterait plus cher en transport, avec un délai de livraison de plusieurs mois. »

Malgré une telle automatisation, l'emploi n'a cessé de se développer ces dernières années. Certes moins vite que l'activité : en moyenne, un développement du chiffre d'affaires de 20 % génère 3 à 4 % d'augmentation de la main-d'œuvre. « Il faut avoir la franchise de le dire. L'entrepreneur, c'est celui qui, percevant le problème, met au point un procédé pour le résoudre et, par voie de conséquence, œuvre pour l'emploi. Un : je crée un produit. Deux : je mets en place des moyens modernes de production. Trois : cela induit des créations de postes si j'imagine les astuces nécessaires pour éviter une délocalisation. La volonté de se battre pour l'emploi, c'est comme cela que je la vois. »

95 % de la production est exportée

Cette stratégie a impliqué une forte politique d'investissements. 10,7 millions d'euros en 2008, 50 d'ici 2012, en machines et en lignes automatiques de production. Jo Le Mer a aussi beaucoup misé sur la diversification, tant géographique que sectorielle. Jusqu'en 2000, Giannoni-Sermeta ne fabriquait que des échangeurs domestiques inférieurs à 50 kw/h. « Rester monoproduit sur un monomarché a commencé à nous faire peur », se souvient l'intéressé. Il imagine alors une gamme de forte puissance pour répondre aux besoins énergétiques des industriels et des collectivités.

Intéressant en termes de valeur ajoutée : les produits nécessitent davantage de main-d'œuvre. Au fur et à mesure que le volume s'accroît, la production est robotisée mais génère des créations de postes. Aujourd'hui, la gamme industrielle représente 40 % de l'activité avec un objectif de 50 % en 2010. Avoir plusieurs cordes à son arc est bien utile en période de crise économique mondiale. « La baisse de la partie domestique a quasiment été compensée par les besoins industriels. »

Parmi ses clients, on trouve beaucoup d'industries agroalimentaires. « On s'est dit qu'en période de crise, les gens continueraient toujours à se nourrir. On s'est alors développé dans ce secteur. » Du bon sens. En Finistère, les industries agroalimentaires soutiennent encore l'économie. Mais Giannoni-Sermeta est loin de se contenter de la Bretagne. L'entreprise exporte 95 % de sa production.

Une tonne de CO_2 rejetée en moins par chaudière

Le marché semble promis à un bel avenir. Le remplacement de vieilles chaudières représente 80 % de l'activité de Giannoni-Sermeta. Or, de plus en plus, aux quatre coins du monde, on change sa vieille chaudière pour un appareil performant, économe en énergie et ouvrant droit à des crédits d'impôts. « Une chaudière traditionnelle déverse trois tonnes de CO_2 par an. Avec nos échangeurs, on est à une tonne de moins. À l'échelle de la planète, Giannoni-Sermeta a fait économiser plus de 6 millions de tonnes de CO_2 », argue le chef d'entreprise. Avec l'évolution des normes, l'Union européenne devrait s'équiper de huit millions d'appareils à condensation par an à l'horizon 2015.

Mais l'Europe n'est qu'une partie de l'activité de Giannoni-Sermeta. Tandis que des contacts sont en cours en Russie, l'arrivée d'Obama à la présidence des États-Unis est porteuse d'espoirs pour la réduction de la consommation énergétique et des émissions de polluants. Une filiale y sera certainement implantée une fois la crise surmontée. Dans un avenir peut-être proche car Jo Le Mer voit déjà venir des jours meilleurs. Le Breton affirme n'avoir été touché qu'à la marge par la crise. Pourtant, il y a trois ans, 200 à 250 intérimaires s'ajoutaient aux 450 CDI. En 2009, ils n'étaient que 90. Le chiffre d'affaires, lui, est passé de 155 millions d'euros en 2008 à 145 millions d'euros en 2009, en progression, toutefois, de 16 % par rapport à 2007.

Si la crise a incité Jo Le Mer à modérer son expansion, elle n'a pas stoppé la recherche constante d'innovations. Être à la pointe, comprendre son marché, imaginer les besoins futurs de l'usager, accepter le challenge et les investissements : on ne changera pas Jo Le Mer...[1]

---

1. Depuis la rédaction de ce portrait, Rocco Giannoni, âgé de 72 ans, a vendu l'intégralité de sa participation à Carlyle Europe Partners, l'un des fonds de placement européen du groupe américain Carlyle. Jo Le Mer conserve des parts au capital.

Frédéric Lescure
Méaban

La bataille d'un sous-traitant

Quand Frédéric Lescure crée Méaban en 1999, après un parcours personnel « à l'américaine » qui lui a permis de s'affirmer après des études quelque peu difficiles, son objectif est clair : donner à une petite PME morbihannaise spécialisée dans la conception, la fabrication et la commercialisation de produits d'entretien chimiques pour l'aéronautique, l'industrie, le ferroviaire et l'automobile une envergure internationale. Grâce à son expertise et à son savoir-faire, la petite industrie vannetaise se frotte rapidement aux plus grands. Ses clients ? Alstom, Airbus, Air France, Boeing, PSA… « Nous travaillons avec de grands donneurs d'ordre, ce qui nous oblige à organiser un process et un système proches de leurs exigences. » Ce qui hisse l'entreprise au rang des trois premiers leaders européens sur le marché des fournisseurs de l'industrie aéronautique mondiale.

Méaban compte désormais une centaine de salariés, dont seize à l'étranger, et une présence dans dix pays.

Le groupe réalise 20 millions d'euros de chiffre d'affaires. En dix ans, l'entreprise a multiplié par trois ses effectifs et par six son chiffre d'affaires.

Pour faire face à la crise, Méaban a recentré son activité sur son cœur de métier : après s'être séparée de sa filiale 7 d'Armor, la branche la plus commerciale du groupe, elle réfléchit aujourd'hui à une opération de croissance externe.

Une histoire américaine

Frédéric Lescure passe son bac à 20 ans. Après une école de commerce à Reims et deux ans en Angleterre, il intègre le groupe Saint-Gobain. De simple vendeur, il devient chef de produit et, à 28 ans, il s'expatrie pour la création d'une filiale à Boston. Le soir, il trouve le temps de suivre des cours à l'université de Harvard pour obtenir un troisième cycle spécial business.

De retour en France, l'entrepreneur prend la direction d'une petite cartonnerie à Rennes et recrute, en 1993, celui qui sera son bras droit durant toute sa carrière, Laurent Sanchez. Celui-ci est aujourd'hui directeur général de Méaban avec pour première mission de canaliser et de tempérer l'enthousiasme de son aîné. Car pour Frédéric Lescure, être entrepreneur c'est se lever chaque matin avec une nouvelle idée. Et faire avancer l'entreprise.

À bientôt 50 ans, il se considère comme un patron déraisonnable. « Les gestionnaires sont raisonnables, je suis tout sauf ça. Un entrepreneur, c'est quelqu'un qui prend des risques et qui peut donc potentiellement se tromper. En France, ce n'est pas très bien accepté. Les patrons voient toujours leur verre à moitié vide. » C'est ce qu'il a fait avec Socomore, la filiale de Méaban qu'il a rachetée, en décidant il y a dix ans de former les collaborateurs de l'entreprise à l'anglais pour exporter son savoir-faire.

Des salaires de 1 à 10

Élève au Centre des Jeunes Dirigeants pendant dix ans, Frédéric Lescure ne pratique pas la langue de bois. Quitte à déplaire. Pour son entreprise, il espère réaliser « un développement équitable », basé sur le respect de ses collaborateurs et de l'environnement. Ainsi, pour lui, la considération de ses équipes passe en priorité par les niveaux de rémunération. Il impose une grille de salaires qu'il estime cohérente et acceptable pour tous. « Dans l'entreprise, les différences de salaires ne doivent pas excéder dix fois le plus bas de la grille. Aujourd'hui, nous sommes à un pour huit. Et c'est moi le huit, explique-t-il. Je trouve abject la rémunération de certains patrons ou traders qui font un ratio de un à cent, voire un à mille. » Depuis la création de Méaban, Frédéric Lescure verse en outre davantage de dividendes à ses salariés qu'à ses actionnaires.

Un fonds de solidarité à base de RTT

Frédéric Lescure est fermement opposé aux 35 heures. « C'est une loi de patron dont les seuls bénéficiaires sont les cadres. Eux seuls peuvent agrémenter leur temps libre. Pour les autres, les 35 heures représentent une régression de leurs revenus, voire une dégradation de leur condition. » En conservant un rythme de 39 heures hebdomadaires, le P-DG de Méaban a mis en place, dès 1999, un fonds de solidarité de RTT en interne. Le principe est simple : chacun y inscrit un jour de RTT, un don solidaire, et conserve seize jours de RTT au lieu de dix-sept dans l'année. « Si l'un d'entre nous a un souci non prévu par la loi ou la convention collective, alors il peut quitter son poste à la minute sans que l'on considère que ce soit un abandon. Ce genre de journées-là valent beaucoup plus cher qu'une journée normale, commente Frédéric Lescure qui se souvient de la première expérience de solidarité au sein de Méaban. Une de mes collaboratrices avait adopté une petite fille en Arménie et est restée bloquée à la frontière en tentant de la ramener en France. Elle a dû rester deux mois et demi sur place. Par le biais du fonds de solidarité RTT, l'ensemble des salariés s'est regroupé pour payer son salaire durant ce temps. »

S'engager en dehors de l'entreprise

Frédéric Lescure estime également que ses salariés doivent vivre en dehors du travail pour se construire. « Se focaliser uniquement sur la valeur ajoutée de l'entreprise n'est pas suffisant. Un salarié doit avoir sa propre richesse. Pour cela, il faut que l'entreprise l'autorise et lui donne les moyens d'exploiter ses qualités humaines à l'extérieur de l'entreprise. Elle en bénéficiera aussi. » Car, pour Frédéric Lescure, la qualité des hommes dépend aussi de leurs engagements personnels. Il passe d'ailleurs 20 % de son temps à gérer la présidence du groupement des fédérations industrielles de Bretagne et incite ses collaborateurs à donner de leur temps pour d'autres causes.

Il a appris, pour ça, à déléguer et à s'appuyer sur son directeur général. Un directeur qu'il a réussi à convaincre, tant bien que mal, de rentrer au Centre des Jeunes Dirigeants vannetais afin qu'il se forme lui aussi au métier de dirigeant. « Si tous les patrons étaient aussi bien formés que leurs salariés, l'économie se porterait beaucoup mieux », lance le P-DG de Méaban.

Autre priorité de Frédéric Lescure : la qualité de vie de ses collaborateurs. En 2008, avec trois autres dirigeants vannetais, il a mené de front un projet de création de crèche interentreprises. Il fallait que quelqu'un se porte caution pour un million d'euros d'emprunt. « Nous n'avions aucune garantie, mais je l'ai fait quand même. » Aujourd'hui, la crèche accueille 80 enfants et compte 12 salariés permanents.

Un autre de ses engagements concerne l'environnement. « Nous avons une responsabilité en tant qu'industrie chimique, nous ne sommes pas des enfants de chœur », confie-t-il. Alors à chaque nouvel investissement, l'entreprise imagine une solution qui soit mieux que l'ancienne, afin de dégrader le moins possible son environnement. « Avec le Grenelle de l'environnement, on a raté une occasion de réformer durablement la taxe professionnelle ou la taxe d'apprentissage avec une taxe verte qui oblige les gens à réfléchir, à trouver des solutions alternatives. »

Face à la crise, la prudence est de mise

Frédéric Lescure n'ignore pas que son entreprise n'a que la marge de manœuvre que lui donne son marché. Quand celui-ci subit une crise économique comme c'est le cas aujourd'hui, le P-DG doit savoir prendre des décisions. Et elles peuvent s'avérer parfois douloureuses. Il se souvient qu'en 2003 il avait dû licencier les trois quarts des salariés de sa filiale Clean3. « C'était d'une violence inouïe, je n'en dormais plus la nuit. Mais, sans cette décision, le groupe aurait fait faillite. Les patrons qui licencient ne sont pas forcément des salauds. » Aujourd'hui, il a décidé de s'adapter en retardant le projet de construction d'une nouvelle usine près de Vannes afin de préserver la compétitivité et les emplois de Méaban. Le manque de visibilité de ses marchés l'oblige à plus de prudence.

François Matéo
Coservit

La zone franche urbaine en guise de Silicon Valley

Coservit a été créée en 2006 par quatre collègues partis de chez Hewlett Packard à l'occasion d'un plan social. « C'était une opportunité, se souvient François Matéo. Il était évident que les PME avaient besoin de systèmes comme les grandes entreprises, mais tout aussi évident qu'elles n'en avaient pas les moyens. Nous avons donc imaginé de mutualiser ces services. » Coservit propose ainsi trois grands types de services aux PME : une hotline spécialisée ; des outils de diagnostic qui « industrialisent le processus commercial, permettant de diviser le cycle de vente par trois : le premier rendez-vous de découverte du client se fait par téléphone, permettant de réduire les déplacements, et le logiciel que nous avons développé génère un rapport automatique pour le commercial qui arrive face à son client en lui apportant déjà quelque chose » ; la gestion de la relation client (customer relationship management, CRM), avec « un logiciel qui simplifie la CRM tout en la rendant plus pertinente : il est adapté à différents métiers avec, pour certains, des fonctionnalités supplémentaires ou au contraire des fonctionnalités inutilisées qui ont été supprimées ». Voilà typiquement le genre d'activité qui aurait donc pu s'installer à peu près n'importe où. Alors, pourquoi le quartier grenoblois de la Villeneuve ?

Appliquer ses principes

« Quand on crée une entreprise, il faut être pragmatique. Au départ, on a zéro : on ne peut pas dépenser 1 euro s'il n'y a pas eu 1 euro de bénéfice. Nous pouvions donc travailler de chez nous ou trouver un local à loyer modeste. Nous avons eu une opportunité avec la mairie de Grenoble dans ce quartier, ça a été le premier pas. Le deuxième pas, c'était notre ambition d'avoir un projet citoyen. Je crois beaucoup aux gens issus des quartiers. C'est super d'avoir de grands principes, mais quand c'est vous le patron, vous faites quoi ? Nous avons donné un sens à notre création en nous installant en zone franche urbaine. Il faut casser les tabous : nous aurions pu nous installer ailleurs, être qualifiés de jeune entreprise innovante. Mais nous avons fait le choix de participer activement à la citoyenneté, à notre niveau, avec une contribution microscopique », affirme François Matéo. Cet état d'esprit a permis à Coservit de décrocher le prix régional Talent des cités 2008 qui vise à dynamiser la création d'activités et d'emplois dans les quartiers. Cette opération s'inscrit dans le plan Espoir banlieues du gouvernement et dans le cadre des actions de la présidence du Sénat. « L'important, dans ce prix, ce ne sont pas les 3 000 euros reçus, c'est le fait que le jury ait attribué le prix à une société high-tech, qui fait de la R&D. C'est un prix pour la mixité, qui doit donner envie aux entreprises innovantes de venir s'installer dans ces cités. Qu'une structure comme la nôtre, atypique dans la sélection, remporte ce prix est un message fort : les cités ne vivent pas une fatalité et des entreprises diverses peuvent s'y installer. »

Toutes les embauches se font en CDI

Sur la vingtaine d'employés de Coservit, près de la moitié sont issus de la zone franche urbaine de Grenoble. « Personnellement, peu m'importe d'où vient la personne, je n'ai pas d'a priori. J'ai fait du business au Moyen-Orient avec des Juifs, des Arabes, des Noirs... Si la personne est motivée, qu'elle a envie de travailler, qu'elle parle bien français, c'est bon. » Né à Béziers, François Matéo parle vite, avec un fort accent du Sud. Il a lui-même « un père espagnol qui a traversé les frontières et un grand-père qui a fait la guerre, qui a été déporté au camp de concentration de Mauthausen, en Autriche. Après, tout dépend de la façon dont on a été éduqué, chacun donne un sens à sa création ».

Mais François Matéo n'aime pas beaucoup parler de lui. Il préfère rappeler que l'objectif d'une entreprise reste avant tout de gagner de l'argent, d'être rentable, et que les gens s'y sentent bien. « L'entreprise a un rôle social : payer des salaires pour faire vivre une personne. Pour cela, il faut créer une valeur. Et c'est l'homme qui crée la valeur. Après, il y a le pragmatisme. De l'extérieur, une entreprise est jugée selon la ligne en bas de son compte de résultat. Comment elle l'atteint importe peu. C'est donc l'entreprise qui choisit d'exploiter les gens ou de leur donner une chance. Mais attention, elle embauche des gens aptes au travail, elle n'est pas payée pour pallier les déficiences de l'Éducation nationale. »

Et ce ne sont pas les incitations fiscales qui ont guidé ces recrutements. Jusqu'en 2009, les entreprises installées en ZFU bénéficiaient d'exonérations de taxes locales, professionnelles et de charges sous certaines conditions, notamment l'embauche d'au moins 30 % de salariés issus de la ZFU. Mais une évolution réglementaire a limité les exonérations. « Sincèrement, explique le dirigeant, ZFU ou pas, le gain n'est pas monumental. Et avec la nouvelle loi de finances 2009, mieux on paie un salarié, moins on a d'aides, ce qui n'incite pas à augmenter les salaires. Coservit emploie principalement des cadres. D'un point de vue purement financier, je suis en dehors des clous. Mais honnêtement, un chef d'entreprise ne réfléchit pas comme ça. Il décide d'embaucher des gens de qualité et selon le contexte économique, pas par rapport à des lois. »

Toujours dans l'idée que c'est en leur donnant des responsabilités que les gens s'investissent, François Matéo a choisi de n'avoir que des contrats à durée indéterminée. « Je suis contre les CDD. Je ne peux pas dire à quelqu'un : "Écoute, je t'embauche, mais je ne suis pas sûr de te garder." La personne ne s'engage pas ! Au contraire, le CDI est un message fort. »

La fibre de l'entrepreneur

Faut-il chercher dans les origines de François Matéo les raisons de son optimisme et de son dynamisme de dirigeant ? Probablement, mais pas seulement. « J'ai des chromosomes d'entrepreneur, dit-il en riant, tranquillement appuyé contre le dossier de son fauteuil, les jambes croisées. Mon père était maçon à son compte. Un de mes frères a repris l'entreprise, l'autre est directeur dans les assurances. Je pense qu'avoir un père salarié ou patron, ça conditionne. Mais la décision de créer n'est pas simple. On a besoin de gens de confiance. Et puis, ça fait partie d'un cycle de vie, avec une opportunité à un instant T. »

Son parcours professionnel aussi l'a conduit à créer Coservit. Après un diplôme de l'Institut d'administration des entreprises de Montpellier, il a travaillé quatre ans comme commercial dans une PME de logiciels, puis comme directeur commercial. Il est parti chez Alcatel pendant trois ans, en tant que responsable du Moyen-Orient. Puis il est resté six ans chez Hewlett Packard comme responsable grands comptes puis directeur de programme. « Être commercial me plaisait. Quand, à 29 ans, je suis entré chez Alcatel, c'était un sacré challenge. Faire du business au Moyen-Orient m'a beaucoup appris. La franchise et l'honnêteté sont des valeurs très importantes pour eux. On ne fait du business qu'avec de la confiance. En France, on a encore de grands progrès à faire à ce niveau-là. »

Trop de testostérone

Si Coservit se félicite de n'avoir connu aucune démission, mais, au contraire, des embauches par cooptation, François Matéo regrette de ne compter que deux femmes pour dix-neuf hommes. « C'est un problème. Nous n'avons pas de candidature en développement ni en R&D. Sur quatre-vingts CV récupérés au dernier forum pour l'emploi de Grenoble, j'en ai cinq de femmes, déplore-t-il en secouant une liasse de feuilles. Et encore, il y en a quatre d'assistantes. Qu'est-ce que vous voulez que je fasse ? Il y a pourtant trop de testostérone dans ces bureaux. Une femme n'a pas la même notion d'écoute, elle s'assoit et réfléchit, elle a un rôle de modérateur. Mais je ne peux pas pour autant faire de discrimination à l'embauche, positive ou négative, ça ne marche pas. Un recrutement se fait sur des critères de compétences et de comportement. »

Coservit continue de recruter. En 2009, la PME est à 20 % de croissance, avec un chiffre d'affaires de un million d'euros. « Nous subissons la crise, comme tout le monde. Mais nous préférons la dépasser et nous développer. » Le chiffre d'affaires devrait, d'ici à 2013, s'équilibrer équitablement entre le service (80 % de l'activité en 2009) et le développement de logiciels. « Nous voulons devenir un éditeur de logiciels. Vendre son propre produit, ça veut dire beaucoup : avec la propriété intellectuelle, on capitalise sur un savoir-faire. Ça ouvre d'autres horizons, c'est une autre dimension. C'est notre futur. »

Didier Ossemond
Gim'Est

Un pizzaïolo devenu spécialiste du nucléaire

Son bureau est sobre et fonctionnel. Les touches personnelles peu nombreuses. Quelques bibelots posés sur un meuble, une statue de samouraï, des photos de ses deux enfants, une 2CV en tôle et un ballon de rugby... Le propriétaire des lieux s'appelle Didier Ossemond. Il dirige Valiance, société de maintenance électrique et électronique à Cattenom en Moselle et préside depuis 2005 l'association Gim'Est (groupement des industriels de la maintenance).

Une association qui représente près de 12 000 salariés et qui regroupe les prestataires intervenant sur les centrales nucléaires de Cattenom, Chooz et Fessenheim, soit près d'une soixantaine d'entreprises régionales et nationales. Son rôle : assurer l'interface entre EDF, qui sous-traite les travaux de maintenance, et les adhérents du Gim'Est. « Notre but est d'aider nos entreprises à se développer, à améliorer la maintenance, à anticiper le renouvellement des compétences et à trouver ensemble des solutions afin de répondre aux exigences et aux contraintes du client », précise Didier Ossemond.

Renouveler les compétences, un programme ambitieux auquel le Gim'Est espère apporter des solutions à travers l'opération « Capital Compétences – Métiers de l'énergie » qu'elle mène depuis juillet 2009. « Notre objectif est d'aider les PME régionales à répondre à une demande croissante et à accéder à de nouveaux marchés dans les métiers de l'énergie. » D'une durée de deux ans et bénéficiant d'une enveloppe globale de 1,5 million d'euros, le projet concerne l'Alsace, la Lorraine et la Champagne-Ardenne, où se situent les principaux sites « énergie » du Grand Est.

« Capital Compétences – Métiers de l'énergie » devrait permettre la création de 210 emplois qualifiés et profiter à plus de 320 salariés en poste qui auront accès au programme de développement de leurs compétences.

Depuis le lancement de l'opération, près de 80 emplois ont d'ores et déjà été créés et près de 120 entreprises visitées. Toutes ne seront pas retenues. « Notre objectif est d'en sélectionner une quarantaine, de les conforter, de les aider à se structurer pour répondre aux attentes des grands donneurs d'ordre et accéder à de nouveaux marchés. »

Connu pour son franc-parler, Didier Ossemond aime aller droit au but. Son parcours en témoigne. Autodidacte, il a démarré dans la vie professionnelle comme pizzaïolo. Travailleur et farouchement indépendant, il n'a que 24 ans lorsqu'il décide, en 1988, de se mettre à son compte dans la téléphonie en créant Sotelec. Il travaille alors sur le site de la centrale nucléaire de Cattenom et découvre le secteur de l'énergie.

Consciente de son potentiel, EDF lui propose rapidement de l'embaucher. L'offre, bien qu'alléchante, ne séduit pas Didier Ossemond. « J'ai toujours eu du mal à rentrer dans le moule. La décision n'a pas été facile à prendre mais je ne voulais pas d'une carrière toute dessinée, explique-t-il en souriant. Mon vrai métier, c'est gérant d'entreprise. On peut travailler dans un secteur que l'on ne connaît pas en prenant soin de bien s'entourer. Seul, on n'est rien. Le collectif, c'est tout. »

Pourtant, en 2002, Sotelec dépose le bilan. Un coup dur qui ne décourage pas le jeune dirigeant : en 2007, il rachète AEIM Industries, future Valiance. « En vingt ans, j'ai connu des années difficiles, comme tous les chefs d'entreprise. Mais d'un mal j'ai toujours réussi à sortir du bien. »

La crise actuelle ne l'inquiète pas outre mesure. Il l'aborde d'ailleurs avec une certaine sérénité. « La vie des entreprises est constituée de multiples crises. C'est comme la vie d'un couple ou d'une famille, il y a des hauts et des bas. Le secret, dans ces moments-là, quand on a une entreprise, c'est de continuer à bien faire son métier et anticiper. »

Anticiper, voilà un autre des mots d'ordre adoptés par le Gim'Est. « En 1991, lorsque l'association a vu le jour sous le nom d'APIM (Association des Partenaires Industriels de la Moselle), il s'agissait d'aider les entreprises qui avaient participé au chantier de la construction de la centrale nucléaire de Cattenom à se reconvertir. Plus tard, en 1999, nous nous sommes étendus aux prestataires des centrales de Chooz et de Fessenheim pour devenir le Gim'Est. C'est le principe de la mutualisation qui rend nos PME plus fortes dans un secteur concurrentiel. »

Un secteur porteur pour l'emploi à condition qu'on ait su anticiper, du côté des pouvoirs publics comme du côté des entreprises. « C'est le problème auquel on risque d'être confronté, notamment dans l'éolien. L'Europe demande qu'on développe les parcs mais sans avoir pensé à former des jeunes pour leur entretien futur. Il n'existe aujourd'hui qu'une école formant à la maintenance des éoliennes en France. On travaille à l'envers. Et le problème se pose dans le secteur de l'énergie au sens large. Si nous n'anticipons pas, il ne faudra pas se plaindre ensuite du manque d'entreprises locales sur le marché. Dans le nucléaire, nous sommes déjà en retard en terme de renouvellement de compétences », déplore Didier Ossemond.

Pour y remédier, le Gim'Est mène depuis trois ans, en partenariat avec la région Lorraine, une action « Passeport pour l'emploi » permettant à près d'une vingtaine de jeunes d'apprendre un métier et d'obtenir un emploi stable et à évolution de carrière dans l'une des sept entreprises participantes. « Aujourd'hui, le jeune qui n'est pas au chômage, c'est celui qui sait travailler de ses mains. En France, pendant vingt ans, on a dénigré les métiers dits manuels. À l'époque, dans l'esprit des gens, un apprenti, c'était un CPPN[1]. Plus personne ne voulait être un manuel. Il fallait continuer l'école à tout prix. Heureusement, aujourd'hui, les mentalités changent. »

Autre action menée dans le même esprit : le Forum des métiers du nucléaire. « Ici, nous travaillons en partenariat avec EDF afin de permettre aux jeunes et aux

---

1. Dans un collège, la Classe PréProfessionnelle de Niveau est souvent encore le lieu où échouent les élèves dont personne ne veut plus.

dirigeants d'entreprise de se rencontrer et d'échanger sur les quarante métiers du nucléaire. » Et le principe fonctionne. Sur 800 visiteurs, plus de 150 contacts sérieux ont été établis en juin à Metz. « Des jeunes motivés, nous en avons rencontré. Certains ont même été embauchés dans les semaines suivantes. En terme de recrutement, le souci à l'heure actuelle, c'est qu'on utilise encore les mêmes outils et les mêmes organismes qu'il y a vingt ans. »

Jean-Luc et Sébastien Petithuguenin
Paprec

Les pionniers du recyclage

Bien loin de nos poubelles jaunes, bleues ou vertes, une usine de recyclage recèle une mécanique complexe qui vise à transformer des produits en vrac, plus ou moins triés, en matières prêtes à être réutilisées. Une activité coûteuse en infrastructures et en main-d'œuvre. Si Paprec se positionne aujourd'hui comme le premier groupe français indépendant de recyclage (320 millions d'euros de chiffre d'affaires), c'est notamment parce que son fondateur, Jean-Luc Petithuguenin, a anticipé, au milieu des années 1990, le boum de toutes les activités dites de valorisation. Partant, il a transformé une entreprise familiale de papier recyclé (« Pap-rec », le nom vient de là) en un groupe de 2 000 personnes, réparties sur plus de 40 sites et traitant aussi bien papiers, cartons et plastiques, que bois, métaux et ferrailles, équipements électriques et électroniques, déchets industriels...

Symbole de la solidité du groupe, l'inauguration, en mai 2009, de France Plastiques Recyclage, première usine autorisée par les autorités sanitaires à recycler des bouteilles afin de fabriquer des plastiques alimentaires – auparavant, ce procédé était interdit par mesure de précaution sanitaire. Ce projet, à la pointe de la recherche, est le fruit d'un partenariat avec Sita, filiale de Suez Environnement. Présente à l'inauguration, la secrétaire d'État à l'écologie Chantal Jouanno est allée jusqu'à le déclarer « grenello-exemplaire ».

Une approche globale, de la collecte au traitement

Paprec joue aujourd'hui dans la cour des grands en gérant des volumes de papier et de plastique (2,5 millions de tonnes de déchets traités et 1,2 million de tonne de nouvelles matières commercialisées par an) comparables à ceux des deux grands groupes leaders, Veolia et Sita France. Mais il y a à peine quinze ans, c'était une simple PME de banlieue parisienne comptant une quarantaine d'employés. « En 1994, mon père, qui dirigeait les activités de recyclage à la Générale des eaux (*future Veolia, ndlr*), a voulu racheter Paprec, raconte Sébastien Petithuguenin, directeur général en charge de la branche plastique et de la société La Corbeille bleue, spécialisée dans les papiers de bureau. La Générale, ne soutenant pas ce projet, a cependant accepté que mon père l'acquière pour son propre compte. » Quinze ans plus tard, les effectifs de Paprec ont été multipliés par cinquante et le chiffre d'affaires par soixante-dix. Le groupe s'est étendu via des rachats de sociétés de recyclage mais aussi par une politique de développement interne continue dans toute la France.

« Notre conviction est que, quelle que soit la matière, il s'agit du même métier, affirme Sébastien Petithuguenin. Nous appliquons le même principe partout : collecte des déchets à la source, dans nos poubelles de bureaux par exemple, grâce à nos dispositifs d'aspiration.

Nous les acheminons dans nos camions. Cette maîtrise nous permet d'avoir une récurrence des volumes et donc d'investir dans des usines modernes, propres. » Ce que le jeune directeur général, fin connaisseur de son entreprise, décrit en creux, c'est la mutation d'une activité encore artisanale il y a vingt ans en une véritable industrie, soumise à des normes de qualité de plus en plus élevées. À l'autre bout de la chaîne, Paprec a fait le choix de centraliser ses ventes, ce qui lui permet de mettre de gros volumes sur le marché des matières, aujourd'hui mondialisé.

Jean-Luc Petithuguenin insiste cependant sur le fait que ce qui caractérise son entreprise n'est pas cette rationalisation : « Mon organisation dépend des hommes », aime-t-il à répéter. En effet, « la qualité et la quantité des déchets collectés varient constamment : ce sont les hommes qui suivent, de façon draconienne, ce qui entre dans l'usine, précise Sébastien. Leur expertise est irremplaçable. Nous avons, dans l'une de nos antennes franciliennes, un cariste, devenu cadre, qui est capable de dire, en les voyant, quels déchets il faut mélanger pour obtenir telle qualité de papier recyclé. » La valorisation des compétences de chacun, défendue haut et fort, s'étend aux nouvelles acquisitions : quand le groupe rachète une société, il en conserve huit fois sur dix les dirigeants.

La cohésion façon Paprec

Pour favoriser une identité commune à toutes les unités du groupe, les dirigeants ont mis en pratique des méthodes éprouvées : journal interne, vœux du président...

Une autre tradition pourrait prêter à sourire, si elle n'avait démontré sa redoutable efficacité. Tous les ans, les directeurs d'agences se réunissent pour décerner des « castors d'or » (la mascotte de Paprec), récompensant des employés particulièrement méritants, dans une vingtaine de métiers. « Certains nous disent que cela fait penser à l'employé du mois dans un fast-food, mais le fait est que cela incite chaque directeur d'agence à défendre ses salariés et que cela crée un sentiment d'appartenance très fort », argumente Sébastien Petithuguenin. Et le jeu en vaut la chandelle puisque les lauréats gagnent un voyage sur les traces de Jean-Pierre Dick, navigateur sponsorisé par Paprec, un périple de dix jours (pris hors congés des salariés), réunissant cadre, technicien, opérateur de tri, chauffeur, à Bahia pour assister à l'arrivée de la Transat Jacques-Vabre ou en Nouvelle-Zélande pendant la Barcelona World Race...

Une crise d'une brutalité sans précédent

« La brutalité et la simultanéité de la chute des cours de toutes les matières et le caractère mondial de cet écroulement n'ont jamais été rencontrés dans l'histoire jusqu'alors... » Quand Jean-Luc Petithuguenin prend la plume pour parler de la crise dans le journal qu'il destine à ses clients, il ne mâche pas ses mots. Le ralentissement de l'économie entraîne logiquement une baisse des déchets émis et des prix de revente des matières recyclées. « C'est la double peine ! reconnaît Sébastien Petithuguenin. Nous avons passé quatre mois à faire du commercial pour expliquer à nos clients que nous allions baisser le prix d'achat des déchets et augmenter nos tarifs à la vente. En définitive, nous avons réussi à compenser : nous pensons atteindre une croissance tout juste positive pour 2009. » Profitant de l'entrée dans son capital du groupe Arnault, à hauteur de 100 millions d'euros, le groupe a pu poursuivre son développement en intégrant trois nouvelles sociétés depuis la fin 2008. Grâce à cela, l'exercice 2009 a été sauvé, sans licenciement ni restructuration.

Et, en 2010, Paprec, qui a remporté l'appel d'offres du groupe Carrefour (207 000 tonnes de déchets par an), devrait se positionner comme premier groupe français pour le recyclage papier.

Mieux vaut casser un camion que tenir un propos xénophobe

« Ici, émettre un propos xénophobe serait sans aucun doute un motif de licenciement, il vaut encore mieux casser un camion ! », s'amuse Bruno Peycelon, directeur d'exploitation chez Paprec, au Blanc-Mesnil. Les jeunes visages de toutes les couleurs qui ornent les supports de communication de Paprec ne sont pas simplement là pour l'affichage. « Chez Paprec, la lutte contre toutes les formes de discrimination (âge, sexe, formation, origine...) est l'essence même du groupe depuis sa création », affirme Jean-Luc Petithuguenin. Son implantation originelle en Seine-Saint-Denis, dans un bassin d'emploi riche de populations immigrées, fait partie intégrante de l'histoire du groupe. Le patron s'est employé à perpétuer cette diversité. L'entreprise participe activement à l'amélioration de l'image de son département d'origine, le fameux « 9-3 ». Cet engagement militant a valu plusieurs récompenses à Jean-Luc Petithuguenin, notamment le titre d'ambassadeur de la CEE pour la lutte contre les discriminations, au milieu des années 2000. « Ce n'est pas seulement une question de philanthropie, déclare Sébastien Petithuguenin. Quand on donne leur chance aux personnes, elles se montrent hypermotivées. Je ne crois pas à la discrimination positive, je crois au changement des mentalités. C'est notre pratique et elle fonctionne ! » Le groupe travaille maintenant à une plus grande intégration des seniors et à un meilleur équilibre hommes-femmes, les femmes étant traditionnellement très peu présentes dans le secteur du recyclage.

L'automatisation du tri : un vrai défi pour l'avenir

Mais un tournant majeur s'annonce pour cette entreprise si soucieuse de ses ressources humaines. « Nous sommes à l'aube du développement de machines de tri vraiment efficaces, explique Sébastien Petithuguenin, nous réfléchissons déjà à la façon dont nous pourrons réorganiser nos équipes. Il y aura toujours besoin de l'expertise humaine pour identifier les déchets entrants et entretenir les machines. Ce défi est devant nous. » Visiblement, la passion pour la valorisation des matières et des compétences s'est transmise de père en fils. Sans le nier, Sébastien Petithuguenin en rit : « On ne participe pas tous les jours à la conquête de l'espace ! »

Didier Plas
Genitech

Le patron de SSII qui dit non aux fantassins

Implantée en France, aux États-Unis et, depuis 2008, en Tunisie, Genitech réalise des applications informatiques « orientées objet » pour de grandes sociétés dans les secteurs de l'énergie, de la défense, des transports, de la banque... Le groupe a développé un savoir-faire pointu : il conçoit des programmes complexes et en assure la maintenance. Genitech a par exemple développé pour EDF une application permettant de planifier la production d'énergie, ce qui a supposé la création d'un réseau qui centralise les capacités de toutes les unités de production à un temps T et qui croise les critères pertinents (luminosité, température...) pour anticiper la demande en électricité. Les spécialités de Genitech sont la création d'architectures riches et l'interface homme-machine. Ils élaborent des systèmes informatiques qui intègrent les différents outils qu'utilise l'entreprise (logiciels, bibliothèques, plateformes Web) pour en rendre l'utilisation harmonieuse et intuitive.

Pour développer ces applications de haute technologie, Genitech a acquis une connaissance extrêmement pointue de certains outils informatiques édités par de grandes multinationales comme IBM ou Red Hat, qui font d'ailleurs désormais appel au groupe français pour former et conseiller leurs clients sur leurs logiciels.

Aujourd'hui, la société étend ses activités en éditant à son tour des applications d'e-administration.

Toujours un coup d'avance

« On peut tout faire avec l'informatique, mais il faut savoir identifier ses objectifs : est-ce qu'on veut tout dans un avenir indéterminé ou avoir, en temps et en heure, un outil disponible, qui fonctionne ? » Moustache rassurante et sourire avenant, Didier Plas aime illustrer concrètement les atouts de son entreprise. « Par exemple, explique-t-il, Genitech a été sollicitée, au début des années 2000, pour élaborer une application permettant aux entreprises de déclarer leurs cotisations sociales par Internet. Cinq à sept personnes furent mobilisées pour ce projet pendant deux ans et demi. Cette recherche a donné naissance à Net-Ducs. »

Dans la foulée, Genitech a mis au point e-Citiz, une plate-forme permettant de généraliser le principe aux besoins des administrations publiques et privées. « Aujourd'hui, chaque citoyen peut s'acheter un voyage sans sortir de chez lui. Il est impensable qu'il doive se déplacer pour obtenir un papier administratif. » Didier Plas le dit avec d'autant plus d'assurance qu'e-Citiz fait l'objet d'un brevet, fait assez exceptionnel en matière de logiciel, et est plébiscité par le service public : les Pays de la Loire l'utilisent pour gérer les subventions aux écoles, l'Aquitaine pour les demandes de bourses et, hors de nos frontières, le Luxembourg pour toute une gamme de démarches auprès de l'Administration.

« Je nous vois comme des promoteurs d'innovation, explique le patron. En France, l'innovateur est quasiment vu comme un révolutionnaire. On associe innovation et risque alors que le premier risque, c'est de trouver de nouveaux clients. C'est ce qui me fait avancer depuis le départ. » Avant de lancer sa propre société, Didier Plas travaillait dans une filiale d'AT&T, la célèbre compagnie de télécommunications américaine : « Je sentais qu'on pouvait prendre de l'avance dans le domaine des nouvelles technologies en investissant pour créer de nouveaux outils et pour former des ingénieurs. Il fallait y aller ! »

« Je ne voudrais pas d'une armée de fantassins »

« L'aéroport de Chicago a fait appel à nous car il avait un problème dans la gestion de ses délais d'acheminement des passagers, raconte Didier Plas. L'un de nos consultants s'est rendu sur place, mais il ne trouvait pas de solution. Il a posé la question sur notre forum. Durant la nuit (aux États-Unis), l'un de ses collègues lui a posté une réponse. Au matin, le consultant a fait sa proposition, et cela a fonctionné. Les Américains se sont demandé s'il y avait passé la nuit... L'équipe et l'expertise de la société avaient travaillé pour lui ! »

Didier Plas a assis la crédibilité internationale de sa société grâce à une politique de recrutement minutieuse, menée en continu depuis dix-sept ans, qui consiste à recruter de jeunes diplômés et à les fidéliser. Fournir des services pointus, dans des délais contraints, nécessite une cohorte d'ingénieurs triés sur le volet. « Nous embauchons exclusivement des ingénieurs informaticiens, bac+5 ou docteurs, sans conditionner le recrutement à l'obtention d'une mission chez un client. Les nouvelles recrues sont immédiatement intégrées dans une équipe, encadrées par un système de tutorat. Je ne voudrais pas d'une armée de fantassins : ce sont elles qui sont décimées par les délocalisations », précise Didier Plas, qui préfère des effectifs limités dont la compétence n'est plus à démontrer.

Cette culture de l'excellence, peu habituelle dans les SSII, résulte d'un choix conscient, affiché comme un étendard. « J'ai vu, chez AT&T, le fonctionnement d'une très grande société : elle lance un nouveau projet et, si les objectifs ne sont pas atteints, elle le supprime aussitôt. Pour moi, une personne n'est jamais une ligne que l'on peut effacer dans un tableau Excel. Aujourd'hui, nous sommes 140, et je connais tout le monde. » La société annonce un turn-over de l'ordre de 7 %, alors que, dans le secteur, il avoisine couramment les 20 %.

Indice plus frappant encore, l'ancienneté moyenne des salariés est de sept ans. « Neuf fois sur dix, un consultant nous quitte parce qu'il est embauché par le client chez qui il travaille, ajoute Didier Plas, mi-figue, mi-raisin. On perd à la fois un salarié et un contrat. Mais je considère cela comme de l'essaimage : deux ou trois ans après, cet ancien collaborateur pourra faire appel à nous pour une mission. » Cette approche des ressources humaines ouvre sur un cercle vertueux : non seulement le collaborateur est, plus qu'ailleurs, susceptible de rester fidèle à sa société, mais cet attachement s'étend au-delà du temps passé dans l'entreprise.

Qui va piano va sano

Inciter ses clients à se tourner vers les innovations techniques auxquelles il croit tout en gérant ses ressources humaines en bon père de famille, à la fois exigeant et compréhensif, voilà la recette qui permet aujourd'hui au président de Genitech (10 millions d'euros de chiffre d'affaires) d'afficher, malgré la crise, une certaine sérénité : « Notre activité d'assistance informatique est en recul car la crise a attaqué tous les secteurs dans lesquels nous avons des clients : industrie, transports... Mais e-Citiz est en croissance de 30 %, ce qui amortit cette baisse d'activité. Quand la conjoncture économique est à l'euphorie, nous faisons figure d'élèves médiocres, car notre croissance reste modérée, mais en période de crise, nous sommes de très bons élèves », s'amuse-t-il. En témoignent les trois recrutements encore effectués en octobre 2009.

La Méditerranée à l'horizon

Bien des SSII françaises s'intéressent aujourd'hui aux marchés émergents. Genitech n'est pas en reste : Didier Plas a lancé, en 2008, sa filiale Genitech Tunisie, sous la houlette d'un jeune directeur maison, à peine trentenaire. « Notre objectif est de créer des compétences et une expertise locale pour nous développer dans toute la région, précise Didier Plas. Nous devons cultiver la proximité avec nos futurs clients au Maghreb et au Moyen-Orient, on ne peut pas le faire en restant à Paris. » Fidèle à sa ligne de conduite, Genitech poursuit son développement à pas comptés, nouant des partenariats avec trois grandes écoles tunisiennes et finançant des travaux de recherche appliquée.

Guillaume Richard
O2

Il a fait des services à la personne un vrai métier

Depuis dix ans, le groupe O2, créé par Guillaume Richard, a bâti sa stratégie d'entreprise sur la qualité de ses prestations. Inventeur du slogan « Satisfait, refait ou remboursé », le groupe O2 est le premier réseau certifié qualité sur les services de ménage, repassage et garde d'enfants. En 2009, avec 120 agences dans toute la France et 5 000 salariés, il a réalisé un chiffre d'affaires de 45 millions d'euros, en progression de 60 % par rapport à 2008. Le groupe O2 a été par ailleurs classé quatorzième recruteur de France par le magazine *Challenges* et il prévoit de doubler ses effectifs d'ici 2013.

Après des études de commerce à l'Edhec de Lille, Guillaume Richard débute dans la vie active en tant que contrôleur de gestion, mais il démissionne très vite pour créer avec des copains de promo une plate-forme multiservices à Lille, puis une seconde à Paris. Elles fusionneront en 2000 pour constituer le groupe O2, dont le siège social s'implante au Mans en 2004.

Les trois associés pressentent déjà l'évolution de la société et des mentalités qui va favoriser leur projet. « Nous sommes passés d'une société de l'avoir à une société de l'être », explique Guillaume Richard. Et même de « l'être mieux » : on aspire à concilier plus harmonieusement sa vie professionnelle et sa vie personnelle, on veut préserver son temps de loisir. C'est une préoccupation majeure des femmes, qui constituent à 98 % la clientèle de O2.

Ainsi, le jeune entrepreneur est convaincu que son entreprise, en phase avec son époque, ne peut que poursuivre sa montée en puissance. Autre atout qui joue en sa faveur : le gouvernement, comprenant que les services à la personne pouvaient constituer un vivier d'emplois pour les populations peu qualifiées, et désirant lutter contre le travail au noir, encourage ce secteur d'activité. La loi Borloo du 26 juillet 2005 relative au développement des services à la personne simplifie les démarches et octroie des réductions d'impôts pour l'emploi d'une aide ménagère.

Satisfaire les salariés pour satisfaire les clients

Guillaume Richard se bat au quotidien pour recruter et renforcer l'attractivité du travail de ses salariés. Car cette évolution vers le mieux-être, il veut la retranscrire aussi dans la politique managériale de son entreprise. « Un salarié satisfait, c'est 99,9 % de clients satisfaits », telle est la devise du groupe O2, qui s'applique à proposer à ses salariés un emploi du temps adapté à leur demande, des formations et une évolution de carrière au sein du groupe.

« 95 % de nos salariés sont à temps partiel, et il s'agit de leur choix, pas du nôtre. » C'est l'entreprise qui s'adapte en proposant à chacun un planning compatible avec ses disponibilités. Preuve du succès de la formule : peu de turn-over chez O2, alors que la plupart des entreprises du secteur peinent à fidéliser leur personnel.

Guillaume Richard montre par ailleurs un grand souci de qualification de ses intervenants. Chaque salarié bénéficie d'une formation ; O2 revendique même avoir réalisé la moitié des formations du secteur en 2008. Enfin, personne ne reste sans perspective d'évolution. Outre la mobilité géographique que permet l'implantation de l'entreprise dans toutes les grandes et moyennes villes de France, Guillaume Richard souligne : « Il existe des passerelles pour nos salariés, qui peuvent devenir chargé de clientèle ou même responsable d'agence. »

Un complément de travail pour les salariés qui en ont besoin

Malgré ces efforts, l'entreprise est confrontée à des difficultés de recrutement. « Nous avons un problème d'attractivité de nos métiers. Être femme de ménage a une mauvaise image alors que nous offrons des emplois stables, demandant peu de qualification mais une grande motivation », regrette Guillaume Richard.

Il a dû trouver des solutions innovantes pour pallier la situation : des accords avec Pôle Emploi mais aussi avec des entreprises, et même, avec la fonction publique. « L'idée est que l'employeur propose à ses salariés un partenariat avec nous qui pouvons offrir un complément de temps de travail parfaitement adapté à celui effectué au sein de l'entreprise », explique Guillaume Richard. Ainsi, le groupe O2 a signé en 2009 un partenariat original avec l'UFCV (Union française des centres de vacances) pour permettre aux salariés des centres de vacances de compléter leur temps de travail en intervenant chez O2, et augmenter ainsi leurs revenus. Un autre est en cours avec la Défense nationale. Le personnel des Armées est amené à déménager souvent ; pas facile dans ces conditions pour les conjoints d'envisager une quelconque activité professionnelle. Ils peuvent être orientés vers les agences O2 présentes dans toute la France. L'entreprise O2 peut aussi offrir un débouché pour les militaires en fin de carrière. « Nous sommes un métier essentiellement féminin, mais nous tâchons de recruter des hommes », déclare le P-DG, qui vient de lancer un site Internet, *www.hommedemenage.fr*, dont la bannière, « L'homme est une femme de ménage comme les autres », essaie d'attirer de nouveaux candidats.

La qualité se paie

Si le groupe O2 connaît une croissance exponentielle depuis sa création, c'est qu'il a su faire la différence en assurant la viabilité de son modèle économique. « Nombre de nos confrères proposent un prix unique pour leurs prestations. Au fil des ans, avec l'augmentation de la masse salariale, ce prix ne permet plus de rentrer dans ses frais », constate Guillaume Richard. Toujours innovant, il propose quant à lui plusieurs niveaux de services : classique, confort, prestige, gouvernante. Le tarif de la prestation dépend de la qualification et de l'efficacité du salarié.

Guillaume Richard milite au sein de la FESP (la Fédération des entreprises de services à la personne) pour que toutes les entreprises adhérentes mettent en place un tel système de tarification. « Si je veux que ce marché augmente, j'ai intérêt à ce que mes concurrents développent leur offre et l'améliorent, afin de lutter efficacement contre le travail au noir, de loin notre premier concurrent », expose-t-il.

En effet, selon les chiffres officiels, le marché du service à la personne est estimé à 15 milliards d'euros, et les professionnels du secteur ne réalisent à eux tous que 3 % de ce marché.

Satisfait ou remboursé

Autre stratégie gagnante, le concept « Satisfait, refait ou remboursé ». « Mes associés me trouvaient inconscient. Ils redoutaient que les clients de mauvaise foi en profitent. » Pourtant, dix ans plus tard, le pourcentage de demande de remboursement est de 0,01 %. « Si vous proposez un service de qualité, avec un personnel de qualité, les clients se trouvent impliqués dans une démarche positive et ne songent pas à se plaindre », confie Guillaume Richard.

L'objectif de O2 et de son P-DG est de « pousser l'entreprise le plus loin possible », en développant son réseau d'agences sur la France et le nombre de ses salariés, mais sans diversifier les services proposés. On ne peut pas être les meilleurs partout, Guillaume Richard en est convaincu. L'entrepreneur garde en effet en mémoire ses débuts : sa première plate-forme proposait près de 80 services différents. Impossible d'atteindre un niveau d'excellence dans chaque métier. Aujourd'hui, il estime l'offrir dans les prestations choisies qu'il propose.

André Rinner
Koehler-Bosshardt

La révolution culturelle de la confiance

L'histoire d'André Rinner, 46 ans, et de l'entreprise Koehler-Bosshardt n'est pas exactement celle d'un coup de foudre. Locaux vétustes, situation financière délicate, salariés démotivés, la société n'apparaît pas sous son meilleur jour. Pourtant, fin 2006, cet entrepreneur décide d'en prendre la tête. Car, sous la couche de poussière, il sait quel joyau est Koehler-Bosshardt : lorsqu'il était salarié dans l'industrie pharmaceutique à Bâle, en Suisse, André Rinner avait fait appel aux compétences de l'entreprise pour étudier et usiner des réacteurs chimiques de haute précision avec les métaux les plus rares et les plus difficiles à travailler. Cette société, isolée au pied des Vosges, vieille de plus de 80 ans, est une véritable institution dans le petit village de Kirchberg, dans le Haut-Rhin. Experte en usinage de cuves en acier, elle touche des marchés très spécialisés et très exigeants : la chimie, la pharmacie, l'agroalimentaire...

Et la douzaine de salariés qui la compose alors, dont l'ancienneté oscille entre vingt et trente ans, connaît son métier. Des hommes de l'art qui, avec l'arrivée de ce nouveau patron, ont connu une petite révolution culturelle. D'abord par l'autonomie et la confiance qu'il leur a tout de suite accordées. Ensuite parce que, lors des rencontres préalables à la reprise de l'affaire, il leur a fait une promesse : un an plus tard, ils seraient actionnaires de leur entreprise.

À la tête de trois entreprises – il a repris Chemie Technik en 2001 et créé Reinraum Technik en 2002, l'une et l'autre spécialisées dans la conception de machines, de biens d'équipements et de réalisation de salles blanches pour les industries chimiques et pharmaceutiques –, le patron ne peut pas être partout en même temps. « Je suis là pour rentrer des contrats, et vu que je souhaite développer notre activité à l'export, je suis sur la route tout le temps. Mais ce n'est pas plus mal que le patron ne soit pas toujours là, car cela force les hommes à se prendre en main, à prendre eux-mêmes des décisions. » Tout cela sous la houlette de Thierry Nivill, directeur général de l'entreprise.

En termes de management et de dialogue, le résultat ne s'est pas fait attendre. Les réunions du personnel ont tout de suite été beaucoup plus concrètes, constructives, et l'implication des salariés beaucoup plus forte encore.

Alors que Koehler-Bosshardt approche du deuxième anniversaire de l'ouverture de son capital à ses salariés, l'expérience, qui était une première pour André Rinner, ne lui apporte que des satisfactions. « Nous avons responsabilisé les salariés et le bilan est pour moi ultrapositif. » Effectivement, en trois ans, l'entreprise a remboursé ses dettes, tant sociales que fournisseurs, elle a reconstitué ses fonds propres et l'activité est repartie, mis à part un exercice 2009 forcément marqué par la crise.

Converti aux bienfaits de l'actionnariat salarié, André Rinner se fait le porte-parole d'une pratique qui se développe encore timidement en France. « Dans un contexte de reprise d'entreprise, cela peut contribuer à faciliter le dialogue avec les salariés, à abolir toute notion de hiérarchie », estime le dirigeant. Qui, de son côté, s'engage à la transparence, un des principes de base de ce système : les livres de comptes sont ouverts, détaillés, expliqués si nécessaire aux actionnaires, le plus souvent néophytes...

En 2010, si l'année se passe bien, les 17 actionnaires pourront, tous ensemble, valider des projets d'investissements dans de nouveaux outils et des projets de diversification de l'activité, notamment vers la maintenance industrielle. Et dès la fin de l'exercice 2010, ils pourront pour la première fois toucher du doigt une autre réalité directement liée à leur nouveau statut d'actionnaires : des dividendes.

Olivier Riom
Volutique

La croissance pour survivre

Ingénieur ESTB (École supérieure technique du bâtiment de Paris) et titulaire d'un master HEC, Olivier Riom démarre avec un double bagage, technique et managérial, qui lui ouvre les portes de Bouygues, où il est promu, très jeune, secrétaire général de l'activité Construction. À 25 ans, il siège au comité de direction aux côtés des barons du n° 1 français.

Suite à des divergences stratégiques avec sa hiérarchie, il fait un bref passage chez Spie Batignolles, puis reprend Volutique en 2004 à 37 ans. Il détecte dans cette entreprise créée en 1948 un beau potentiel de croissance, dans un secteur d'activité et une région qu'il connaît. Très vite, Olivier Riom fait décoller la société dont l'activité stagnait depuis des années. Entre 2005 et 2009, ses effectifs ont été multipliés par trois (120 personnes en 2009), son chiffre d'affaires par deux (10 millions d'euros en 2009).

Cette croissance, Olivier Riom ne l'explique pas par un emballement de ses marchés. Si l'entreprise s'est développée, c'est que « nous ne pouvions pas rester à

40 personnes ». Une analyse des risques fait ressortir une trop forte dépendance de l'entreprise à son dirigeant. « Il est impensable d'employer 40 personnes si tout peut être remis en cause par un simple problème de santé du chef d'entreprise. Il était essentiel que je m'entoure de cadres. »

Et pour pérenniser l'entreprise sur un marché « demandeur d'une offre globale », il adjoint à la pose de cloisons et de faux plafonds des prestations de menuiserie, de peinture, de revêtement du sol pour se positionner comme interlocuteur unique des entreprises et des collectivités.

Ce nouveau positionnement et cette structuration portent immédiatement leurs fruits et Volutique résiste aujourd'hui à la crise. « Je reste très vigilant. 2009 reste pour nous une bonne année. Nous préservons nos marges et notre valeur ajoutée. Les perspectives sont là et nous continuons à recruter. »

L'intégration au service de la performance économique

Pour Olivier Riom, l'économique, l'environnemental et le social sont indissociables. Dans cette logique de « performance globale », nombre de patrons de PME ne voient qu'un concept fumeux réservé à des groupes en sureffectif ; le dirigeant nantais l'a adopté. Mieux, il l'érige en modèle économique.

Un quart du résultat reversé aux salariés, la santé au travail comme cheval de bataille et une politique de recrutement encourageant l'embauche de personnes en difficulté : Volutique se distingue par sa politique sociale. Marian, le Roumain qui a connu la prison, et Maxime, le trentenaire longtemps sans qualification pour avoir quitté trop tôt l'école, peuvent en attester. Après des années de galère, ils ont été recrutés par

Volutique. Immigrés, gens du voyage, jeunes des quartiers défavorisés, une dizaine de personnes sans qualification sont ainsi formées chaque année par le biais du Geiq BTP44, un groupement d'employeurs pour l'insertion et la qualification dans la région nantaise, puis intégrées dans l'entreprise.

Pour Olivier Riom, cette politique d'intégration est aussi un vecteur de performance économique. Ayant fortement augmenté ses effectifs depuis cinq ans, il éprouvait, comme beaucoup de ses confrères, de grandes difficultés à recruter. Il a choisi d'aller chercher ses collaborateurs sans s'appuyer sur les méthodes de recrutement habituelles. De même pour la politique sociale de l'entreprise : à son arrivée, le taux de turn-over est d'environ 40 % ; grâce à sa stratégie de fidélisation, il a fait passer cette moyenne sous la barre des 5 % dès 2008. La résultante d'un effort de management visant à responsabiliser et valoriser les équipes ainsi que de la mise en place d'une politique de rémunération au résultat, un quart des bénéfices de la société étant redistribué aux salariés.

« *Dans l'entreprise, chacun a son échelle de temps* »

La passion d'Olivier Riom pour le management des hommes explique son implication au sein du Centre des jeunes dirigeants de Nantes et sa participation à la manifestation « Entrepreneurs d'avenir » qui a réuni 200 chefs d'entreprise en juin 2009 à l'Assemblée nationale. Cette réflexion, Olivier Riom va la prolonger cette année à Nantes : un millier de personnes doivent se rassembler en 2010 à l'occasion du « Parlement des entrepreneurs d'avenir » pour s'interroger sur les manières de générer un nouveau type de croissance fondé sur l'efficacité, la responsabilité, l'équité et la durabilité.

Des débats philosophiques que peu peuvent se permettre en ces temps moroses ? « Non », répond clairement Olivier Riom. Il est convaincu qu'en s'ouvrant aux autres, en s'inspirant de leurs expériences, il sera mieux armé pour continuer à faire avancer Volutique. « Dans l'entreprise, chacun a son échelle de temps. Le dirigeant doit voir entre un et cinq ans. Sinon, il reste obnubilé par le court terme et fait courir un risque à l'entreprise. » Au contraire, quand le chef d'entreprise s'investit dans une association, dans un syndicat professionnel, « il se repositionne sur son échelle de temps. Il faut s'efforcer de prendre sans cesse du recul, réfléchir sur l'organisation de la société et de ses marchés pour être en mesure d'anticiper les évolutions futures ».

Frédéric Rocher
Délios

Après la suie, la déco

Deux premiers bilans positifs et 350 % d'augmentation du chiffre d'affaires en un an ! Le démarrage est pour le moins réussi. Spécialisée dans le nettoyage et la remise en état de bâtiments après sinistre, Délios, créée en 2007 par Frédéric Rocher, emploie aujourd'hui 30 personnes et affiche en 2009 un chiffre d'affaires de 2 millions d'euros.

1m90 pour convaincre

De l'assurance, ce tenace Ardennais n'en manque pas. À l'âge de 22 ans, il suit son épouse à Paris en abandonnant sa spécialisation de technicien en génie mécanique pour s'engager dans une formation courte de technico-commercial. Il démarre alors un BTS avec l'idée de rejoindre au plus vite le monde de l'entreprise.

Dès lors, c'est sa fibre commerciale qu'il va mettre à l'épreuve. « Je suis entré comme stagiaire commercial dans une entreprise de nettoyage après incendie que je n'ai plus quittée jusqu'à la création de ma propre société. » Premier test sur le marché du travail et première réussite. Volontiers affable, on l'imagine en effet sans peine dérouler son 1m90 pour convaincre ses interlocuteurs de sa voix grave et posée.

Deux années de BTS et de stages plus tard, il entre dans le monde du travail : « J'ai obtenu mon diplôme le 13 juin 2002 et j'ai été embauché le 17. » Pour Frédéric Rocher, c'est le véritable point de départ d'un parcours qui va le mener en moins de dix ans à la création de Délios. Excellent commercial, il grimpe rapidement les échelons et devient vite une référence au sein d'une entreprise en forte croissance qui cherche à étendre sa présence nationale. On lui propose d'emblée de prendre en charge l'ouverture d'une agence en Normandie. « C'était pour nous une zone de chalandise intéressante, avec un vrai potentiel », se souvient Frédéric Rocher qui se lance dans l'aventure sans filet.

Un apprentissage dans la douleur

Les premiers temps sont durs et mettent sa forte capacité de travail à l'épreuve, à tel point qu'il envisagera sérieusement de quitter la société, posant pas moins de six fois sa démission. « Il y avait un très lourd travail de prospection à effectuer et il a fallu plus d'une fois montrer patte blanche aux experts en assurances », ses véritables apporteurs d'affaires. Avec quatre dossiers par mois traités dans les six premiers mois, Frédéric Rocher s'interroge sur son avenir dans l'entreprise. « Puis les choses ont fini par prendre, lâche-t-il simplement, et l'entreprise est devenue leader dans la région. » Seul au départ, il encadre désormais une équipe de 26 personnes et affiche pour sa deuxième année d'exploitation un chiffre d'affaires de près de 3 millions d'euros.

Sa réussite ne passe pas inaperçue et sa direction le charge de l'ouverture d'une deuxième agence dans la région Centre, à Bourges. Il s'occupe du recrutement d'un responsable de site puis du personnel nécessaire avant d'accepter de s'occuper de la restructuration complète de l'agence nantaise du groupe. Il vit alors une expérience précieuse de gestionnaire qu'il mettra par la suite au service du redéploiement de six agences du quart Nord-Ouest. Il n'est alors âgé que de 26 ans.

Sa promotion au poste de directeur régional n'est que l'étape supplémentaire d'un parcours mené au pas de charge. « J'ai eu de la chance, lance-t-il sans vraiment y croire, mais j'ai surtout dû travailler quinze heures par jour, faire beaucoup de kilomètres et faire preuve de rigueur et de flexibilité. »

Le MBA a été un détonateur

Lui qui avait projeté d'ouvrir une discothèque quelques années plus tôt avec des amis entre finalement au comité de direction du groupe qui l'emploie. Mais l'aventure touche à sa fin. Les choses s'accélèrent lorsque le groupe est racheté et qu'un fonds d'investissement s'intéresse à l'entreprise. Frédéric Rocher fait le pari de devenir actionnaire et, à l'occasion de mouvements au sein de la direction, propose début 2007 sa candidature au poste de directeur général adjoint. Il accède finalement à celui de directeur administratif et financier et ajoute ainsi une nouvelle corde à son arc. Inscrit en parallèle à l'ESCP-EAP, il complète son CV d'un executive MBA.

C'est là que le projet Délios mûrit véritablement dans son esprit : « L'idée est née pendant ma formation et j'en ai profité pour lancer une étude du business modèle. » Ne restait plus qu'à passer de la théorie à la pratique. « Le MBA a permis de donner du corps à mon projet en montrant qu'il ne s'agissait pas du délire d'un étudiant de 18 ans », explique Frédéric Rocher, dont les certitudes en sortent renforcées.

Il quitte alors le groupe de ses débuts avec la volonté de percer dans un métier qu'il maîtrise parfaitement et qui le passionne : « Ne pas savoir de quoi sera fait le lendemain, être dans l'urgence, c'est tout ça qui me plaisait », résume le jeune dirigeant, indéfectiblement attiré par cette niche dans laquelle il décèle de forts potentiels de croissance. « Le nettoyage après incendie était une superbe porte d'entrée, mais, en se limitant à cela, on ne profitait pas assez de l'ensemble de la chaîne de valeur. » Un constat qui le pousse à innover en développant une activité de remise en état après sinistre avec une touche personnalisée. L'entrepreneur en herbe le sent, l'heure est à la déco et il doit absolument adapter sa palette d'interventions pour se démarquer de la concurrence.

L'ouverture vers la décoration et le marché des professionnels

Il se lance avec pour maître mot la flexibilité. « Dans les cas d'urgence auxquels nous sommes confrontés, nos clients doivent pouvoir avoir un devis en vingt-quatre heures, pas en trois mois. » Élémentaire mais tellement payant. « Puis je me suis rendu compte que l'on pouvait faire plus et mieux que seulement remettre en état. » Aujourd'hui, Frédéric Rocher s'occupe de décoration, conseille ses clients sur leurs aménagements pour aboutir à un « véritable travail de mise en scène ».

Deux ans après sa création, Délios s'est forgé un solide réseau de fournisseurs et prend en charge aussi bien les poses de cuisines que de salles de bains. Une offre globale qui rend l'entreprise attractive aux yeux des compagnies d'assurances.

Et si les dossiers sont pour l'heure essentiellement ceux de particuliers, Frédéric Rocher admet à demi-mot que le marché des professionnels reste un objectif pour lui. Son développement, il y pense continuellement et n'exclut pas des opérations de croissance externe pour ajouter de nouvelles compétences dans un réseau qu'il verrait bien s'étendre au-delà de la région rouennaise, à commencer par l'Île-de-France. Les projets sont là et les effectifs suivent. Bénéficiaire d'une Aide régionale à l'emploi en échange de quoi il s'engageait à procéder à 23 recrutements en trois ans, il n'en aura pas mis deux pour dépasser cet objectif. Délios comptait fin 2009 29 salariés. Un chiffre que Frédéric Rocher a bon espoir de voir doubler avant la fin de l'année 2010.

Yann Rolland
Bel'M

L'actionnariat salarié

L'entrepreneur est posé, réfléchi. Originaire de Nantes, c'est à Paris que débute sa vie professionnelle en tant que commercial à l'export pour les tuyaux Bonna. Mais il décide assez vite de revenir sur ses terres nantaises, où il est recruté à la direction de la société de négoce de matériaux Sicoma-Larivière. « C'est là que j'ai découvert le secteur du bâtiment, une activité qui ne rapporte pas d'argent et grâce à laquelle j'ai appris que l'on pouvait faire de belles choses sans beaucoup de moyens. »

Après avoir assuré la direction du fabricant de fenêtre choletais Caib, Yann Rolland saute le pas de l'entrepreneuriat en reprenant Bel'M en 1995, via un LBO avec le fonds 3I, un groupe britannique parmi les leaders mondiaux du capital-investissement.

Le design de portes

Suite à ces expériences chez Bonna et Sicoma-Larivière, Bel'M s'est imposée comme une évidence pour Yann

Rolland. La situation financière de Bel'M était excellente, avec un revenu net supérieur à 10 % du chiffre d'affaires. Mais surtout, Yann Rolland déclare avoir eu un excellent contact avec le cédant, Marcel Dupin, qui est d'ailleurs resté cinq ans au sein de l'entreprise, dont il a acquis 12 % du capital. Si, à l'époque, le terme de LBO lui est totalement étranger, Yann Rolland apprivoise rapidement la technique financière afin de protéger son indépendance managériale.

Il se familiarise également très vite avec ce marché particulier du bâtiment qu'est celui des portes de maisons : un marché de 400 000 unités par an. Bel'M et Lapeyre en sont les deux leaders nationaux avec environ 50 % du marché. Les concurrents spécialistes comme Bel'M s'affaiblissent alors que l'offre s'atomise avec l'entrée de nombreux fabricants de fenêtres. Au plan national, et sur le salon Batimat, Bel'M est reconnu comme créateur de tendances.

S'il n'est pas spécialiste de ce marché, Yann Rolland sait s'entourer et mettre en place un management pertinent basé sur la proximité avec les salariés et les clients. Mais il sait avant tout sentir les tendances et les marchés. En reprenant Bel'M, il est parvenu à imposer sa marque en s'appuyant sur le design de ses produits comme outil de différenciation face à la concurrence. Dès la reprise en 1995, Yann Rolland a recruté son propre designer afin d'avoir une vraie touche Bel'M. « Ce dont je suis assez fier, c'est qu'aujourd'hui on reconnaît une porte Bel'M par son design », sourit-il.

Leader de la porte d'entrée moyenne et haut-de-gamme avec 25 % de parts de marché en France, Bel'M subit pourtant, après des années de croissance à deux chiffres, la crise qui frappe le bâtiment depuis dix-huit mois.

Un accord original sur le temps de travail pour préserver l'emploi

L'entreprise, passée depuis 1995 de 90 à 500 salariés, devait ainsi enregistrer, en 2009, une baisse de 8 % de son chiffre d'affaires.

Pour y faire face, la PME a choisi une voie originale. Comme d'autres, Bel'M a dû se séparer de ses intérimaires et n'a pas renouvelé les CDD, mais a réussi à éviter le chômage partiel, les salariés ayant accepté, fin 2008, de travailler 39 heures par semaine, une partie de ces heures supplémentaires étant payée, l'autre transférée et récupérable sur l'année 2009.

Dans la crise, l'entreprise s'est accrochée à ses fondamentaux. Notamment à une politique sociale et environnementale engagée fin 2007, au moment où Yann Rolland, qui veut préserver l'identité nantaise de l'entreprise, en prend le contrôle après une opération de désendettement et d'augmentation de capital. Une politique qui s'est traduite par la mise en place d'un programme d'actions ambitieux dans différents domaines : renforcement des actions de formation, adoption d'une charte de diversité, développement des achats écoresponsables, réduction des impacts de production sur l'eau et l'air...

Cette démarche de responsabilité sociale et environnementale vient d'ailleurs d'obtenir, après un audit approfondi, le label de la société Vigeo.

Un tiers des salariés actionnaires

Autre axe fort de cette démarche : l'actionnariat salarié. En juillet dernier, malgré les incertitudes du marché de la construction, une nouvelle société de salariés actionnaires de Bel'M a vu le jour. Après avoir revendu leurs actions, 92 des 98 salariés déjà actionnaires de l'entreprise ont décidé de réinvestir dans la société à hauteur de 60 % du montant de leur cession. « J'avais promis aux salariés déjà actionnaires en 2005 qu'ils pourraient faire une plus-value sur leurs investissements en 2010. On a décidé, malgré la crise, d'anticiper cette possibilité. » Dans le même temps, 40 nouveaux collaborateurs décidaient de miser eux aussi sur l'entreprise. Aujourd'hui, un tiers des salariés sont actionnaires de l'entreprise.

Pour Yann Rolland, l'actionnariat salarié, c'est aussi un engagement sur l'avenir. « J'ai la majorité capitalistique du groupe Bel'M, mais je ne m'en sens absolument pas propriétaire pour autant. Quand le moment sera venu de céder le groupe, ce que je regarderai d'abord, ce sera l'intérêt de l'ensemble des salariés. Je pense que ceux qui vendent au plus offrant n'ont pas compris qu'un dirigeant d'entreprise a aussi une responsabilité par rapport à son territoire. »

C'est cette responsabilité territoriale et sociale qui a amené Yann Rolland à s'engager au sein de plusieurs réseaux régionaux comme Réseau Entreprendre Atlantique, structure d'aide aux créateurs d'entreprise, à additionner les casquettes – celles, hier, de patron du CJD départemental et, aujourd'hui, de président de l'École de design de Nantes et de vice-président de la CCI nantaise –, ou encore à devenir mécène de l'association locale Toit à moi, qui aide les sans-abris à se loger, et partenaire de « La Solidaire du chocolat », une course transatlantique à la voile dont l'objectif est d'aider les associations humanitaires.

Martin Ruf
Emairel

Un repreneur de PME industrielle face à la crise

On lui demande de fermer l'entreprise, il la rachète

Né dans le Bade-Wurtemberg, en Allemagne, Martin Ruf aurait pu poursuivre la carrière qu'il avait entamée au sein du groupe allemand Empe-Werke, spécialisé dans l'habillage intérieur en bois précieux de voitures. Une carrière ouverte à l'international qui lui avait déjà offert plusieurs postes à responsabilités. Ingénieur bois de formation, ce cadre supérieur bilingue s'était vu confier la direction d'une société spécialisée dans la plasturgie (l'industrie de transformation des matières plastiques) pour l'équipement automobile : Emairel, à Bischwiller en Alsace. Une société qu'il avait dirigée quatre ans durant avant de rejoindre la maison mère.

En 1997, l'Allemand Empe-Werke et le Français Lebranchu, les deux équipementiers détenant l'entreprise à parts égales, décident de sa fermeture. Et c'est à Martin Ruf que l'on confie cette lourde tâche. Lui qui connaît bien l'équipe et son grand savoir-faire ne peut se résoudre à une telle issue. L'homme profite de cette opportunité pour réaliser un rêve : « Devenir mon propre chef et pouvoir créer, développer, et pérenniser ma propre entreprise. »

Des boîtes d'œufs en plastique recyclé

Toute l'organisation interne est à revoir pour faire de cette ancienne filiale une PME indépendante. Tout en misant sur la formation de ses salariés et l'investissement dans l'outil de production, Martin Ruf fait le choix de la diversification et ouvre l'entreprise à des produits à plus forte valeur ajoutée.

La sous-traitance automobile ne représente plus aujourd'hui que 12 % du chiffre d'affaires d'Emairel (5,6 millions d'euros en 2008). De cette activité historique, la société a gardé la rigueur des processus et du management qualité. Perdre en capacité de financement et travailler avec une équipe plus restreinte lui a appris la réactivité et la polyvalence. Ses compétences renforcées en matière de thermoformage, thermocompression, usinage ou encore d'habillage cuir et bois, lui ont ouvert de nouvelles portes : conditionnement (les boîtes à œufs en plastique recyclé représentent 48 % de son chiffre d'affaires), usinage de pièces plastiques industrielles, éléments pour le bâtiment (type panneaux de portes), produits dans le domaine médical, objets publicitaires…

En parallèle, la société a recommencé à embaucher. Elle compte aujourd'hui 49 salariés. « Nous ne courons pas après une rentabilité à court terme, insiste le dirigeant. Tout en veillant à maintenir à flot notre trésorerie, nous nous engageons de plus en plus dans des projets de longue haleine, parfois supérieurs à une année, où nous mettons notre savoir-faire au service de nos clients. » Emairel a ainsi participé au projet Smera de Lumeneo, constructeur de voitures électroniques. Ou encore au projet médical Lutrin : un outil informatique intégré à une structure mobile permettant au médecin, en milieu hospitalier, d'avoir en temps réel les informations sur les patients qu'il visite.

Un devoir d'exemplarité

Martin Ruf accorde une importance particulière à la sauvegarde de l'emploi. Devoir mettre en place un plan social, « c'est un coup dur pour les salariés, mais aussi un véritable crève-cœur, tout autant qu'une perte de compétences problématique, pour nous, dirigeants, indique Martin Ruf sans détours. C'est une décision que je cherche à tout prix à éviter. »

Si l'on voit parfois les grands comptes réguler leurs fluctuations d'activité en tranchant dans des effectifs sans visage, « un tel mode opératoire n'est pas envisageable en PME, où l'on connaît chacun, et où l'on a besoin de tous ». Une réalité qui incite le dirigeant à la retenue. « Il ne me viendrait pas à l'esprit de m'octroyer une augmentation alors même que j'opère un gel des salaires ou instaure du chômage technique. »

« Il faut aussi que les gens prennent conscience qu'être patron de PME inclut un engagement personnel et financier très fort, tient à souligner le dirigeant d'Emairel. Beaucoup autour de moi ont investi leur patrimoine personnel dans leur entreprise. » Un engagement personnel qui instaure la confiance. « On ne peut diriger une équipe sans confiance mutuelle, et sans la faire adhérer aux projets », estime Martin Ruf.

« Ce n'est pas en période de crise qu'il faut se mettre soudain à communiquer avec ses salariés en croyant que cela va les rassurer », explique Chantal, sa femme, responsable qualité dans l'entreprise depuis dix ans. Chez Emairel, la direction, qui édite un journal interne, réunit régulièrement l'équipe afin d'expliquer les stratégies de développement, justifier les décisions prises.

Une ingénierie de crise imaginée au moment de la guerre d'Irak

L'histoire d'Emairel n'a rien d'un long fleuve tranquille. L'entreprise a connu plusieurs crises économiques et sociales depuis sa renaissance.

À commencer par le plan social que Martin Ruf a dû mener à son retour dans la société en 1997. Certains des 300 salariés d'alors avaient déjà spontanément quitté la société, avec un projet professionnel déjà avancé. Mais une grande majorité était sans solution. « Une de mes exigences a été de mener correctement et à son terme le plan de reclassement, pour que personne ne soit laissé sur le carreau. » La revente d'une partie des locaux à une société allemande a été conditionnée par la reprise d'une partie des salariés. Limitant la casse sociale à deux ou trois licenciements, c'est donc avec une trentaine de salariés qu'Emairel a connu un nouveau départ.

D'autres crises ont ensuite ponctuellement chahuté la PME. Dont une, majeure, il y a trois ans. « Travaillant la matière plastique, nous avons été fortement touchés en 2006 par l'envolée du prix du baril de pétrole, consécutif au déclenchement de la guerre en Irak, rappelle Martin Ruf. Si les tarifs de nos fournisseurs enflaient de manière exponentielle, nous ne pouvions répercuter cette hausse telle quelle sur nos clients. » Or, le dirigeant tenait à préserver son équipe, « sans pour autant nous retrouver dans une situation financière difficile, explique-t-il. Nous avons répertorié les solutions envisageables et décidé de mettre en application une loi peu connue des entrepreneurs qui autorise le détachement de personnel à but non lucratif. » Sur la base du volontariat, les salariés qui l'acceptent sont ainsi détachés à d'autres entreprises locales connaissant de forts besoins ponctuels de main-d'œuvre, sans rupture du contrat de travail initial et pour des durées variables, de quelques jours à plusieurs semaines.

De ces premières crises, la société a tiré des leçons qui lui ont permis de s'adapter rapidement, dès le déclenchement de la crise actuelle, fin 2008 : profiter du ralentissement d'activité pour mettre à plat les stratégies commerciales, optimiser l'organisation, améliorer les process internes... De nouveaux détachements de personnel et le recours au chômage technique ont dû être à nouveau mis en œuvre début 2009. Sur la base du volontariat.

Martin Ruf tient à ne rien imposer, tout en s'assurant du comportement responsable des salariés. « Car aux yeux de nos clients, il est primordial que l'activité demeure linéaire. Ce qui implique, en interne, de travailler différemment, en renforçant la polyvalence de nos équipes, pour que la tâche de chacun soit réalisée à temps, quoi qu'il arrive. »

Tout en assurant le quotidien, il faut aussi préparer la reprise. En continuant d'investir dans l'outil de travail, mais aussi dans la formation de l'équipe. « Pendant quatre mois, les salariés et moi-même avons suivi une formation aux outils de bureautique classiques ainsi qu'aux produits informatiques internes à l'entreprise. Ce qui a permis de dédramatiser le rapport à l'informatique et a révélé une motivation et une persévérance que nous ne soupçonnions pas. Seules deux personnes ont échoué à l'examen de clôture. Cela a permis aussi à tout le monde de se mélanger durant ces sessions de formation, tous métiers et hiérarchie confondus. »

Roland Tchenio
Toupargel

La télélivraison de produits surgelés

Quand Roland Tchenio reprend Toupargel en 1982, l'entreprise de Civrieux-d'Azergues, petite commune rurale située à une trentaine de kilomètres de Lyon, compte 70 collaborateurs et réalise un chiffre d'affaires de 7 millions d'euros. Aujourd'hui, la société de livraison de produits surgelés frôle les 350 millions d'euros de chiffre d'affaires et emploie près de 4 000 personnes.

Sept ans pour changer de modèle économique

Le dirigeant commence par observer et étudier ce qui se fait dans l'activité de la livraison à domicile afin de modeler un schéma différent. En parallèle, son ambition est de faire grossir le groupe. Sur un marché atomisé, il procède par acquisition externe. Une quarantaine de petites structures sont absorbées. Elles présentent toutes des organisations différentes qui sont décortiquées par le dirigeant. « Il fallait faire évoluer le système en douceur, avoue celui qui a été formé à HEC et à Harvard. Au fil des années, nous avons acquis une cinquantaine de sociétés qui avaient toutes des systèmes de vente très différents. Le problème, c'était que soit ces systèmes étaient pénalisants sur le plan financier, soit ils ne pouvaient pas être dupliqués. Et puis, en continuant de chercher, j'ai découvert une société qui avait commencé à vendre par téléphone. » Roland Tchenio tient son mode de développement.

Le dirigeant entame alors un long travail d'analyse des différentes fonctions pour jouer sur la professionnalisation de chacune. De nouveaux métiers sont créés au sein du groupe pour alléger la tâche des livreurs. « Grâce à la télélivraison, la partie la plus pénible du métier, à savoir la gestion du stock et la préparation des commandes, a disparu. Le personnel pouvait enfin se concentrer sur le cœur de son métier, la vente et la livraison des clients », détaille Roland Tchenio, adepte de la rationalité.

La mécanique Tchenio est en marche : une plate-forme de préparation de commandes est construite à Civrieux-d'Azergues, un système d'information, avec la saisie des commandes et la gestion comptable, est installé, les premiers centres d'appels voient le jour. « Entre le moment de la décision de faire évoluer le modèle économique et la mise à niveau complète des équipes, il a fallu sept ans. »

Les ressources humaines, un pilier de la croissance

« Rejoignez nos équipes, c'est votre personnalité qui fera la différence. » Les 25 000 flyers estampillés de cette accroche ont séduit des étudiants, des handicapés, des seniors, des hommes et des femmes que le monde du travail n'arrivait pas à insérer.

« L'idée était de dire : "Vous cherchez un job ? Venez chez nous." Ce n'est pas compliqué de rentrer chez nous, aucun diplôme n'est demandé, mais il faut s'accrocher et avoir des résultats, explique Roland Tchenio, à l'initiative de cette opération originale de recrutement. Le métier de télévendeur est difficile et il a mauvaise réputation. Il est générateur de stress et de pression mais c'est une porte d'entrée dans la vie professionnelle. Avoir une bonne élocution, être souriant, pouvoir tenir une conversation simple sont les qualités que nous exigeons. Le groupe dispose d'une palette de formations et d'outils pour aider le télévendeur. Le téléphone gomme l'aspect physique, la couleur de peau, l'âge, un éventuel handicap, bref, tout ce qui peut être difficile dans une relation en tête à tête. » 120 candidats ont été interpellés ce jour-là. Accueillie par les équipes de ce nouveau centre d'appels, une centaine d'entre eux a rejoint le groupe.

« On est aujourd'hui bien loin des vendeurs-camions à qui on demandait simplement d'avoir un permis poids lourd, analyse le P-DG de Toupargel. Nos télévendeurs sont désormais qualifiés, avec des opportunités de carrière au sein du groupe. 1,4 % de la masse salariale est investi dans la formation. Nous privilégions leur confort de travail pour limiter le turn-over. Par ailleurs, les livreurs disposent d'un GPS et d'un programme de livraison détaillé pour faciliter leurs tournées. Dans les centres d'appels, les horaires essaient de s'adapter à la vie privée de chacun. L'homme est au cœur de notre entreprise. »

89 % des 3 943 collaborateurs sont ainsi en contrat à durée indéterminée et les métiers ne sont pas exportables. « Tout notre personnel est en France, annonce fièrement le dirigeant. La prospection téléphonique pourrait techniquement être à l'étranger mais la majeure partie

de nos métiers doit rester en France pour conserver une proximité avec nos clients. » Si le dirigeant avance des arguments économiques et de prospérité pour son entreprise cotée en Bourse, il n'en est pas moins conscient de son rôle social en maintenant l'emploi en France.

Alors, à demi-mot, comme si ces actions ne semblaient pas d'une importance capitale, Roland Tchenio expose ses nombreuses initiatives en matière de ressources humaines. « Nous n'avons pas de politique de rémunération particulière mais nous proposons une bonne couverture santé et prévoyance, lance-t-il. Et puis je tiens à la transparence dans la communication qui est faite auprès de mes collaborateurs. Quatre fois par an, j'accueille les nouveaux arrivants au siège pour leur parler de l'entreprise, de son histoire et de ses développements. » Chacun suit un programme de formation aux produits et à son métier et on donne du temps au temps pour arriver aux résultats escomptés. « On forme nos collaborateurs à comprendre, en prospection, les clients, à décrypter les situations et, surtout, à accepter l'échec. Une commande tous les 25, 30 ou 50 appels n'est pas toujours facile à admettre. » Apprendre un métier, certes, mais aussi un savoir-être. Dans cette même optique, Roland Tchenio a mis en place des leçons de bonne conduite au volant pour les livreurs qui sillonnent les routes de France.

Les partenariats du groupe s'inscrivent dans la même approche. Notamment son engagement depuis plusieurs années aux côtés de l'équipe de basket villeurbannaise, l'Asvel. « J'ai accepté d'être sponsor maillot car on m'a présenté un projet d'insertion des jeunes par le sport. Je n'embauche pas précisément de jeunes basketteurs, mais Toupargel compte de nombreux employés de moins de

21 ans. Et puis, toute l'année, les collaborateurs du groupe peuvent assister aux matchs. »

Le groupe Toupargel est également partenaire des Biennales de Lyon. En 2007, 300 collaborateurs ont été invités au musée d'Art contemporain de Lyon pour se confronter aux œuvres expérimentales d'artistes contemporains. En 2008, ils seront également 300 à entendre du Gershwin à la Maison de la Danse. « C'est une façon de proposer à mes collaborateurs des activités qu'ils ne feraient peut-être pas sans l'aide de l'entreprise. »

Table

CARNET DE ROUTE

Carnet n° 1 – Jours noirs et mutations 12
Carnet n° 2 – Sur le terrain, sinistré 17
Carnet n° 3 – Une nouvelle organisation du travail ?..... 32
Carnet n° 4 – Nous sommes le deuxième cercle
   du service public 36
Carnet n° 5 – En finir avec le clonage 44
Carnet n° 6 – Le métier de patron et le leadership
   au féminin 48
Carnet n° 7 – La parole et les actes............................. 53
Carnet n° 8 – Retrouvons le goût du long terme 57

PORTRAITS DE GROUPES PENDANT LA CRISE

André-Jacques Auberton-Hervé – *Soitec* 65
Stéphane Benhamou – *Paca Distribution* 70
Jacques Boisleux – *Staphyt* 75
Sylvain Breuzard – *Norsys* 80
Bertile Burel – *Wonderbox* 84
Romuald Capron – *Arkane Studios* 89
Pascal Chazal – *Ossabois* 95
Frédéric Coirier – *Cheminées Poujoulat* 100

Philippe Comte
  et Emmanuel Saulou – *Restoria* 105
Alain Cordier – *Barisien* 110
Olivier Desurmont – *Sinéo* 116
Thierry Fauvet – *NRJ Bio* 121
Frédéric Fiore – *Garderisettes* 125
Véronique Garnodier – *Charlott'* 132
Philippe de Gibon – *Convers Télémarketing* 138
Daniel Lafranche – *Bretagne Ateliers* 143
Jo Le Mer – *Giannoni-Sermeta* 148
Frédéric Lescure – *Méaban* 154
François Matéo – *Coservit* 160
Didier Ossemond – *Gim'Est* 166
Jean-Luc et Sébastien Petithuguenin – *Paprec* ... 171
Didier Plas – *Genitech* 177
Guillaume Richard – *O2* 182
André Rinner – *Koehler-Bosshardt* 187
Olivier Riom – *Volutique* 190
Frédéric Rocher – *Délios* 194
Yann Rolland – *Bel'M* 199
Martin Ruf – *Emairel* 203
Roland Tchenio – *Toupargel* 208

Pour l'éditeur, le principe est d'utiliser des papiers composés de fibres naturelles, renouvelables, recyclables et fabriquées à partir de bois issus de forêts qui adoptent un système d'aménagement durable.

En outre, l'éditeur attend de ses fournisseurs de papier qu'ils s'inscrivent dans une démarche de certification environnementale reconnue.

www.ingramcontent.com/pod-product-compliance
Lightning Source LLC
Chambersburg PA
CBHW051059230426
43667CB00013B/2361